# KEEP
# GOING→

좋은 날도 힘든 날도
나를 나아가게 하는

## 킵고잉

중앙books

# KEEP GOING

First published in the United States as:

KEEP GOING: 10 Ways to Stay Creative in Good Times and Bad

Copyright © 2019 by Austin Kleon

Cover by Austin Kleon

All rights reserved.

This Korean edition was published by JoongangilboS in 2021 by

arrangement with Workman Publishing Company, Inc.,

New York through KCC(Korea Copyright Center Inc.), Seoul.

이 책은 (주)한국저작권센터(KCC)를 통한 저작권자와의 독점계약으로 중앙일보에스(주)에서 출간되었습니다.

저작권법에 의해 한국 내에서 보호를 받는 저작물이므로 무단전재와 복제를 금합니다.

내가 '킵고잉' 할 수 있는 이유,
메건과 오언 그리고 쥘에게
이 책을 바친다.

침몰 직전,
타이타닉 호에서
들려온 대화

o
g
n
fo

Da                                                                    ng
che
na
w
se

_____

r

_____

M
Z

s

is
            exceptional

"I mean, yes, we're sinking,"

But

"맞소, 이 배는 가라앉고 있다오.

하지만
그 와중에도 음악이 참 멋지구면."

the

music

"나는 그 어느 때나 창의적인 사람으로 살고자 애쓴다.
능력을 인정받고 싶어서가 아니라,
그저 내 자신이 행복해지기 위해서다.
…창의적인 사람이 되려고 노력하면서 늘 바쁘게
사는 것이야말로 인간을 살아 있게 하는 원동력이다."

－윌리 넬슨

# 내가 읽으려고 집필한 책

몇 년 전이었다. 나는 아침에 일어나면 으레 스마트폰부터 찾아 뉴스 헤드라인들을 쭉 훑어보곤 했다. 세상은 어김없이 어제보다 더 멍청하고 각박했다. 한편, 그림을 그리고 글을 쓰기 시작한 지 벌써 10년이 넘었는데도 작업은 늘 어려웠다. 그렇게 오래 작업했으면 조금은 쉬워져야 하는 것 아닌가?

상황이 나아지기 시작한 건, 그 언제가 되더라도 쉬워질 리가 없다는 사실을 받아들였을 때부터였다. 세상은 미쳤고 창작은 항상 힘들다. 인생은 짧고 예술은 길다.

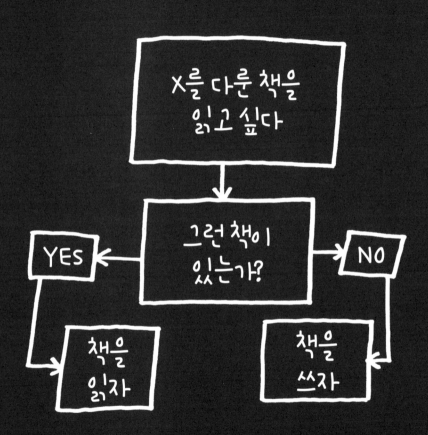

작업에 지칠 대로 지친 사람, 작업을 막 시작한 사람, 새롭게 다시 시작하는 사람, 이미 큰 성공을 거둔 사람…. 이 중 어떤 상황이든, 결국은 스스로에게 이런 질문을 던지게 된다.

'어떻게 해야 계속 이어나갈 수 있을까?'

나는 이 책에 엮어낸 10가지 신념 덕분에 가능했다. 수많은 예술가를 위해 쓴 책이기는 하지만, 의미 있는 무언가를 만들어내면서 그 삶을 계속 이어나가고 싶은 사람이라면 누구에게나 도움이 되리라 믿는다. 당신이 사업가이든 교사이든 학생이든 심지어 은퇴를 했든 말이다. 이 책에는 남들에게서 훔쳐온 내용도 많이 실렸다. 부디 당신이 그 속에서 귀중한 무언가를 발견하고 훔쳐갈 수 있길 바란다.

물론 이 책의 내용을 무슨 일이 있어도 지키라는 소리는 아니다. 삶은 예술이지 과학이 아니다. 개개인의 상황이 모두 다를 테니, 자신에게 필요한 부분은 가져가고 필요 없는 부분은 그냥 버리면 된다.

꾸준히 스스로를 돌보면서 당신이 하고 있는 일을 이어나가라.

나도 그렇게 할 것이다.

① 하루하루를

태어나듯

EVERYDAY IS

다시

살아라

GROUNDHOG DAY.

# 오늘 주어진 하루를 잘 살자

"나중의 일을 미리 알 수 있는 사람은
아무도 없다. 닥쳐올 미래를 걱정하느라 시간을
낭비하기보다는 지금 해낼 수 있는
가장 멋진 일을 해야 한다.
그리고 그것을 매일 하라. 그러면 된다."

–로리 앤더슨

사실 나는, 누군가의 입에서 '창작자의 삶'이라는 단어가 튀어나올 때면 몸 둘 바를 모르겠다. 너무 뜬구름처럼 느껴진달까. 무슨 영웅의 일대기라도 되는 것처럼 말이다.

내가 경험한 창작자의 삶이라고 해봤자, 우리 집 뒷문을 나서서 차고에 마련해둔 작업실까지 걸어가는 3미터가 고작이다. 작업실에 도착해서 책상에 앉고 나면 덩그러니 놓인 빈 종이를 노려보면서 생각한다.

'분명히 어제도 이러고 있지 않았나?'

작업할 때의 내 모습은 오디세우스가 아니라, 열심히 언덕 위로 바위를 굴리는 시시포스다. 또 나는 영화 〈사랑의 블랙홀〉에 나오는 필 코너스가 된다. 〈사랑의 블랙홀〉은 빌 머레이가 주인공 필 코너스를 연기한 1993년 코미디 영화다. 기상 리포터 필 코너스는 매번 눈을 뜨면 2월 2일 성촉절 아침으로 돌아가게 되는 타임 루프에 빠진다. 게다가 장소는 언제나 펜실베이니아 주의 펑서토니 마을이다. 이곳에는 '펑서토니 필'이라는 마멋(Groundhog, 다람쥣과 동물)이 산다. 사람들은 펑서토니 필이 자기 그림자를 보고 굴로 들어가 버리면 겨울이 6주 더 지속될 것이라 예측한다. 반대로 펑서토니 필이 그림자를 보지 못해 굴 밖에 머무르면 곧 봄이 올 것이라 생각한다.

기상 리포터인 필의 입장에서는 이 마을이 싫다 못해 지옥처럼 느껴진다. 그는 자신이 생각해낼 수 있는 모든 방법을 시도하지만, 결국 펑서토니 마을을 벗어나지 못하는 데다 2월 3일로 넘어갈 수도 없다. 영원히 겨울 안에 갇혀버린 것이다. 필이 무엇을 시도하든, 결국에는 매일 아침 똑같은 침대에서 눈을 뜨고 어제와 똑같은 하루를 마주하게 된다.

체념한 필은 볼링장의 바에 앉아, 술 취한 사람들을 향해 이렇게 묻는다. "어떤 장소에 갇힌 채로 똑같은 하루를 몇 번이나 경험하게 된다면 당신들은 어떻게 할 것 같소? 탈출하려고 시도한 일들이 죄다 수포로 돌아간다면 말이오."

필의 이런 질문은 우리가 자신의 삶을 발전시키기 위해 스스로 고민해보아야 할 문제다. 그리고 나는, 이 질문에 대한 당신의 답변이야말로 걸작을 만들어내리라 믿는다.

이 영화의 감독인 해롤드 래미스는 기독교와 유대교, 불교의 성직자

every

Day

매일매일 0에서 시작된다.

is

created
from scratch

들로부터 끊임없이 많은 편지를 받았다고 말했다. 모두 하나같이 이 영화의 종교적 메시지를 찬사하면서 자기네 종교와 정확히 맞아떨어진다는 내용이었다. 하지만 내가 보기에 이 영화는 특히나 창작을 하려는 사람들과 깊이 연관되어 있다.

그 이유를 짚어보자면, 창작자의 인생은 직선이 아니기 때문이다. 프로젝트가 끝날 때마다 새로운 시작점으로 되돌아가는 그들의 삶은, A에서 B를 향해 곧게 뻗은 직선이라기보다는 뫼비우스의 띠 혹은 나선형과 비슷하다. 아티스트로서 얼마나 성공했고 얼마나 훌륭한 결과물을 만들어냈는가에 상관없이, 그 누구라도 마지막 지점에 '도착'할 수는 없다. 창작자의 삶에서 결승선을 넘거나 도중에 그만둔다는 개념은 죽음이 아니고서야 존재하지도 않는다. 음악가 이안 스베노니우스는 이렇게 말했다. "당신이 이미 위대한 작품을 만들어냈다고 해도, 하물며 대중이 그 위대함을 알아준다 해도, 여전히 몇몇은 이렇게 물을 것이다. '그래서 이다음엔 어떤 작품이 나오나요?'"

내가 아는 아티스트 중 작업량이 엄청난 사람들은 벌써 답을 쥐고 있다.

성공, 실패, 번잡한 바깥세상을 모두 등진 채 매일 되풀이되는 오늘의 작업을 이해하고 있기 때문이다. 이 예술가들은 주어진 시간을 어떻게 쓰고 싶은지 정확히 파악하고 있으며, 그 내용이 무엇이든 매일 꾸준히 수행한다. 최근에 작업한 결과물이 대중의 관심을 끌어내지 못했거나 비판 받았더라도 혹은 반대로 좋은 평가를 받았더라도, 이들에게 있어서 달라지는 것은 없다. 내일도 똑같이 침대에서 일어나 제 할 일 해야 한다는 사실을 잘 알고 있을 테니까.

　　살다 보면 내 생각처럼 되는 일이 거의 없지만, 마음먹은 대로 실현할 수 있는 일이 딱 한 가지 있긴 하다. 주어진 시간을 어떻게 쓰는가, 즉 그 시간에 어떤 일을 하고 얼마나 열심히 하는지에 대한 문제가 그러하다. 허풍처럼 들릴지도 모르겠으나, 나는 각자의 상황에 맞추어 〈사랑의 블랙홀〉을 각색하고 이와 비슷한 생활을 다짐하는 것이야말로 작품을 만들고자 하는 사람에게 가장 좋은 방법이라고 굳게 믿는다. 어제는 끝났고 내일은 오지 않기에, 오늘 하루와 오늘 해야 하는 일들밖에 남아 있지 않다고 상상하면서 말이다.

알코올 중독 극복법을 다룬 책 《하루에 24시간》에서 리치몬드 워커는 이렇게 말했다. "인간이 이성을 잃는 건 오늘 경험 중인 일 때문이 아니다. 어제 벌어진 일에 대한 후회와 고통, 그리고 내일 겪게 될 일에 대한 두려움이 사람을 미쳐버리게 만드는 것이다. 그러니 우리 모두 최선을 다해 하루하루를 살아나가자."

창작자의 삶은 큰 승리를 거둔 영웅으로 칭송받는다든지 영원히 행복하게 산다든지 하는 결말과는 다르다. 그저 〈사랑의 블랙홀〉의 필처럼, 매일 아침 똑같은 침대에서 눈을 뜨고 그날의 할 일을 받아들이는 것이다.

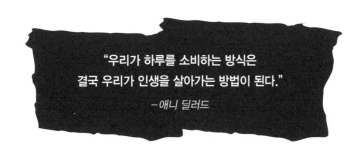

"우리가 하루를 소비하는 방식은
결국 우리가 인생을 살아가는 방법이 된다."

─애니 딜러드

# 일정 계획을 세우자

"영감에 따라 움직이는 천재들과 비교하다 보면,
계획을 세워 성실히 손을 움직이는 일이
그리 멋져 보이지는 않을 것이다.
하지만 계획과 성실함이야말로 우리가 미쳐버리지
않을 수 있는 완벽한 전략이다.

*―크리스토프 니만*

작업이 잘 되는 날이 있는가 하면 안 되는 날도 있다. 아이디어가 번쩍 떠오르는 하루가 있고, 다리에서 뛰어내리고 싶은 하루가 있다(물론 별다를 것 없이 평범하게 흘러가는 하루도 있다).

일정 계획은 그날 하루를 잘 소비하여 계획한 일의 대부분을 이뤄낼 수 있도록 해준다. 애니 딜러드는 이런 말을 했다. "스케줄은 시간이 새어나가지 않도록 촘촘히 막아주는 그물이다. 일정 계획을 세우면 혼란과 변덕을 피할 수 있다."

계획을 세우면, 할 일이 많은 날에는 어떻게든 남는 시간을 만들어낼 수 있고 할 일이 없는 날에는 남아도는 시간을 낭비하지 않을 수 있다. 나는 하루 종일 재택근무를 하고, 어린 자식들을 돌보면서 틈틈이 글을 썼다. 이러한 악조건 속에서 글을 쓸 수 있었던 비결은 계획을 세우고 지키려는 노력에 있었다.

메이슨 커리는 그의 책《예술하는 습관》에서 161명의 창작자들을 조사하여 그들이 몇 시에 잠에서 깼는지, 언제 작업을 시작했는지, 무엇을 먹고 마셨는지 등 다양한 습관을 분류해냈다. 이 책에 적힌 습관들을 하

# 매일 해야 할 일

☐ 노래를 한 곡 듣는다

☐ 좋은 시를 한 소절 읽는다

☐ 멋진 그림을 한 폭 감상한다

☐ 단어를 몇 개 골라
  문장을 만들어본다

— 괴테

나하나 읽다 보면 마치 인간 동물원을 구경하고 있는 기분이 든다. 카프카는 가족이 모두 잠든 시간에 글을 휘갈겨 썼다고 한다. 플래스는 이른 새벽에 일어나서 아이들이 깨기 전까지 글을 썼다. 발자크는 하루에 커피를 50잔이나 마셨으며, 괴테에게는 썩은 사과 냄새를 맡는 습관이 있었고, 스타인벡은 글을 쓰기 전에 꼭 연필 12자루를 뾰족하게 깎아야 했다.

　　창작자들의 하루 일과와 매일 의식처럼 수행하는 습관을 훔쳐볼 수 있다는 것만으로도 이 책은 재미있을 수밖에 없다. 하지만 페이지를 넘기면 넘길수록 명백해지는 사실이 하나 있다. 흠잡을 데 없이 완벽하다거나 남들과 똑같이 흘러가는 하루는, 창작자의 삶 그 어디에도 없다는 것이다. "한 사람의 하루 일과는 각종 시행착오를 거치며 완성되고 외부 요인들 때문에 변화한다." 커리는 이렇게 설명했다. "다시 말해 하루 일과는 각자의 상황에 맞춰 계획을 어떻게 수정했는지, 어떤 사건을 예민하게 받아들였으며 어떤 징크스를 믿는지 등의 정보들이 집결된, 그 사람만의 고유한 특징인 셈이다." 동경하는 예술가들의 하루 일과를 뚝 떼어와 그대로 따라 한다고 해도 비슷한 결과가 나올 수는 없다. 우리의 하루는 직업,

가정, 사교생활 등 제각기 다른 사회적 의무들로 가득 차 있는 데다, 창작 활동을 하는 사람이라면 특히나 더, 자신만의 독특한 기질을 지니고 있기 때문이다.

나만의 일정 계획을 세우고 싶다면, 나의 하루가 어떻게 흘러가고 있는지 관찰하는 시간을 먼저 가져보자. 하루 일과 중 바쁘지 않을 때는 언제인가? 어떤 일정을 줄이면 시간을 낼 수 있을까? 당신은 아침형 인간인가, 올빼미족인가? (참고로 나는 살면서 '오후형 인간'은 몇 명 못 만나보았다. 찰스 디킨스의 표현을 빌리자면 "아침도 아니고 밤도 아닌 이 혼종적인 시간대를 혐오한다.") 아이디어를 끌어내기 위해 시도하는 나만의 우스꽝스러운 의식이나 미신적 행위가 있는가? (나는 담배처럼 생긴 연필을 입에 물고 달랑거리면서 이 문장을 쓰고 있다.)

계획을 엄격히 지키며 사는 생활을 감옥처럼 답답하게 느끼는 사람들도 있을 것이다. 하지만 어떤 면에서 보면 우리는 지금도 '감옥에서' 살고 있다. 래퍼 릴 웨인이 복역 중일 때, 나는 그의 하루 일과가 내심 부러웠다. 듣자하니 그는 오전 11시에 느지막이 일어나서 커피를 마시고, 샤

# the Muse

is ready to

surprise me

if

매일 찾아가서
"같이 놀래?"라고 말하면

뮤즈가 날 놀라게 하리라.

show up every day
and

say,

"Wanna hang out?"

워 후에는 팬레터를 읽고 점심을 먹는다고 했다. 그 후에는 어디론가 전화해서 수다를 떨기도 하고, 책을 읽고, 저녁을 먹고, 운동을 하고, 라디오 방송을 듣고, 독서를 하고 잠자리에 든다. "와, 내가 감옥에서 지내기만 했어도 엄청난 양의 글을 끝낼 수 있었겠군." 나는 아내에게 이런 농담을 던지기도 했다(앨커트래즈 감옥 섬에 놀러갔던 적이 있는데, 경치가 얼마나 끝내주던지! 그곳이라면 작가들이 왕국을 건설할 수도 있으리라 생각했다).

스스로가 만들어낸 감옥이라면, 조금 불편한 제약이 생기더라도 궁극적으로는 자유를 불러올 것이다. 일정 계획은 일이 잘 풀리기도 하고 막히기도 하는 하루하루의 변화에 영향받지 않도록 나를 지켜준다. 동시에 제한된 시간과 체력, 재능을 이용하여 결과를 최대치로 끌어낼 수 있도록 돕는다. 따라서 계획이 속박처럼 느껴지는 부분도 조금은 있을 수 있겠지만 그보다는 자유를 누릴 수 있게 해주는 보호막이 되는 경우가 더 많다. 계획을 따르다 보면 좋은 습관이 생기고, 그 습관을 따라가다 보면 최고의 결과물에 도달할 수 있다.

일정 계획의 수많은 장점 중에서도 내가 최고로 꼽는 1순위는 따로 있다. 매일 똑같은 일을 반복해야만 그 틀에서 벗어난 '어느 날'이 훨씬 더 특별해진다는 것이다. 이 세상에 탈옥처럼 신나는 일이 또 있을까. 학교를 안 다니는 사람에게는 수업을 빼먹는 일이 그다지 재미있지 않다.

일정 계획에 어떤 내용이 적혔는지는 별로 중요하지 않다. 계획을 갖고 있다는 그 사실이 가장 중요하다. 대충이라도 일정을 짜 맞추어 매일 지키도록 노력해보자. 그러다가도 어쩌다 한 번씩은, 본래 일정에서 벗어나 신나게 즐겨라. 수정이 필요하면 나중에 해도 된다.

"나는 숙취마저도 1년 미리 계획한다."
-존 워터스

# To do 리스트를 작성하자

"나는 불안해지지 않으려고 리스트를 작성한다.
예를 들어 그날 열다섯 가지 일을 해내야 한다고 적으면,
구체적으로 뭐가 있는지 기억도 잘 못 하면서
할 일이 많다고만 계속 되뇌게 하는
압박감 따위가 전부 씻겨나간다."

―메리 로치

리스트는 혼란스러운 세계에 질서를 불러온다. 내가 리스트를 너무나도 사랑하는 이유다. 어지러운 머릿속을 정리해야 할 때마다 리스트를 활용하면, 고민 없이 바로 실행에 옮길 수 있다.

나는 할 일이 너무 많아 허덕일 때마다 해야 할 일을 모두 적은 'To do' 리스트를 만든다. 그중 가장 급하게 처리해야 하는 일 몇 가지를 고른다. 몇 가지 임무를 완수하고 나면 목록에 줄을 그어 지우고, 그다음으로 중요한 일을 고른다. 이 과정을 반복한다.

내가 동경하는 예술가들 중 몇몇은 'To draw' 리스트를 작성하기도 한다. 데이비드 슈리글리는 자신이 일주일 동안 그릴 50가지를 미리 적어 놓는다. 리스트를 미리 작성한다는 것은 결국, 작업실에 앉아 무엇을 그릴지 고민하는 시간을 줄일 수 있다는 말이 된다. 슈리글리는 이렇게 말했다. "내가 오랜 시간 예술을 하면서 배운 최고의 기술은 출발점을 확인하는 작업이었다. 출발점을 알면 작품은 저절로 탄생한다."

레오나르도 다 빈치는 'To learn' 리스트를 작성했다. 그는 매일 아침 잠에서 깨면 그날 배우고 싶은 것들을 모두 적어 놓았다고 한다.

# <u>나를 행복하게 만드는 것들</u>

① 고전 읽기

② 오랫동안 산책하기

③ 피아노 치기

④ 아이들과 함께 작품 만들기

⑤ 좋아하는 코미디 보기

⑥ 좋아하는 음악 듣기

⑦ 일기 쓰기

⑧ 낮잠 자기

⑨ 달 구경하기

⑩ 리스트 적기

↰ 내가 돌려고 적은 리스트

하고 싶은 일이 생겼지만 지금 당장은 시간이 없을 때가 있다. 그럴 때마다 나는 생산성 전문가 데이비드 알렌에게 영감을 받아 만들기 시작한 '언젠가/아마도' 리스트에 하고 싶은 일을 추가한다. 작가 스티브 존슨 또한 그런 순간이 찾아올 때마다 '스파크 파일(spark file)'이라고 이름 붙인 자기만의 문서에 적어 넣는다고 말한 바 있다. 존슨은 어떤 생각이 떠오르면 그 즉시 스파크 파일에 적어 넣고 몇 달마다 한 번씩 들추어본다고 한다.

하지 말아야 할 것들을 적은 목록도 가끔은 필요하다. 펑크 밴드인 와이어의 경우, 좋아하는 취향에 대해서는 구성원들 모두가 의견이 제각기 달랐지만, 싫어하는 행동을 이야기할 때는 대부분 일치했다고 한다. 1977년, 이들은 한데 모여 다음과 같은 규칙을 작성했다.

"솔로 파트를 넣지 않는다. 꾸미는 음률을 넣지 않는다. 할 말이 끝났을 때는 가사를 끝낸다. 후렴구를 넣지 않는다. 클라이맥스에서 애드리브 연주를 넣지 않는다. 노래의 주제를 흐리는 그 무엇도 허용하지 않는다. 미국주의를 기피한다."

이 리스트는 훗날 와이어만의 음악적 정체성이 되었다.

큰 결정을 앞둔 순간에는 찬반 리스트를 활용할 수 있다. 1772년에 벤저민 프랭클린이 그의 친구인 조셉 프리스틀리에게 설명한 내용을 살펴보자. "종이 한가운데에 세로로 줄을 그어 반으로 나누게. 한쪽에는 찬성하는 이유를, 다른 한쪽에는 반대하는 이유를 적어보게나." 찰스 다윈 역시 결혼을 앞둔 고민의 순간에, 이 찬반 리스트를 작성했다고 한다.

아침에 하루를 시작했는데 도무지 아이디어가 떠오르지 않을 때, 스케줄러에 어떤 내용을 적어야 할지 모르겠을때, 나는 새로운 버전의 찬반 리스트를 만들곤 한다. 노트 페이지 중앙에 세로선을 긋고, 한쪽에는 잘하고 있는 일(감사합니다)을, 다른 쪽에는 개선해야 할 점(도와주세요)을 적는 것이다. 일종의 소원 종이라고나 할까.

디자이너 아담 세비지가 이런 말을 한 적이 있다. "리스트는 목적을 모아놓은 컬렉션이다." 나는 연말이 다가올 때마다 그해에 어떤 관심사가 있었는지 돌아보길 좋아한다. 그래서 일 년 중에 가장 만족스러웠던 여행, 내 삶에 변화를 불러온 사건, 감명 깊었던 책이나 음반, 영화 등을 모

감사합니다          도와주세요

소원 종이

아 'Top 100' 리스트를 작성하곤 한다. 사실 이것은 만화가 존 폴첼리노의 아이디어를 빌려왔다. 폴첼리노는 자체 출판한 잡지 〈킹 캣〉에서 'Top 40' 방식의 리스트를 선보였다(폴첼리노 역시 리스트를 습관적으로 작성했던 사람이다. 그는 잡지에 실을 만화의 줄거리와 드로잉 아이디어들을 리스트에 전부 적어 넣은 다음에야 실제 작업을 시작했다고 한다). 내가 연말에 적는 Top 100 리스트는 그해의 일기장 역할을 한다. 이렇게 한 해를 돌아보며 무엇이 변했고 무엇이 변하지 않았는지 살펴보기만 해도 내 마음은 한결 편안해진다.

올바른 길로 갈 수 있도록 정신을 붙들어 매고 싶을 때, 나는 새로운 버전의 십계명을 만들곤 한다. 쉽게 말해서, '할지어다'와 '하지 말지어다'로 나눈 리스트를 작성하는 것이다. 그러고 보니 이 책도 열 가지 신조로 구성되어 있지 않은가? 내가 만들어낸 십계명이라는 소리다.

"리스트는 당신의 과거이자 미래다.
오늘 할 일, 이번 주에 할 일, 언젠가 하게 될 일의 순서로
우선순위를 두어야 한다. 리스트에 적힌 일들을
죽기 전에 다 이룰 수는 없을지도 모른다.
하지만 지금, 적어도 당신이 살아 있는 동안에는,
한정된 시간 안에 무엇을 우선하여 해내야 하는지를
리스트가 알려줄 것이다."

─톰 사크스

"최선을 다해 오늘을 완주하고 자리를 떠라.
…비록 몇 가지 실수와 바보 같은 행동이
끼어들었더라도, 당신은 할 만큼 했다.
가능한 한 빨리 잊어라. 그럴 수만 있다면
내일은 완전히 새로운 하루가 될 것이다.
완벽한 컨디션으로, 침착하게 그리고 바보 같은
과거를 훌훌 털어낼 수 있을 만큼 산뜻한 기분으로
내일을 맞이할 것이다."

－랠프 월도 에머슨

# 하루를 완주했다면 깨끗이 잊어라

살다 보면 마음먹은 대로 흘러가는 하루는 그리 많지 않다. 온갖 계획표와 To do 리스트에는 너무 거창한 다짐들이 적혀 있다. 가수 제리 가르시아는 이런 말을 했다. "우리는 진주를 찾아 물에 뛰어들지만, 조그마한 조개 몇 개만 찾고 끝나는 날도 있다."

이기든 지든 상관없다. 그 하루와 끝까지 싸우는 것이 가장 중요하다. 되는 일 하나 없는 날이었더라도 오늘이 끝날 때까지는 최선을 다해야 내일로 넘어갈 수 있다. 너새니얼 호손이 다섯 살 배기 아들과 하루를 꼬박 함께 보낸 후에 쓴 일기에는, "우리는 온 힘을 다해 이 형편없는 하루를 모조리 써버렸다"라는 문장이 적혀 있다. 이처럼 살다 보면 그저 최선을 다해 끝까지 버텨내는 것밖에 할 수 없는 날들이 있다.

날이 저물어 하루를 되돌아보는 시간이 오면, 그때는 자기 자신에게 관대해지는 것이 좋다. 어느 정도까지는 자신을 용서해야 오랜 기간 버틸 수 있기 때문이다. 잠자리에 들기 전에는 오늘 완수한 일들을 리스트로 작성하고 내일 해내고 싶은 일들도 따로 적어본다. 그런 후에는, 모두 잊어라. 그때부터는 베개에 머리를 눕히고 마음을 비우면 된다. 무의식이 마음껏 일할 수 있도록 배턴을 넘겨주자.

시간을 허투루 썼다고 느껴지는 하루라도 한참 나중에 돌이켜보면 다를 수 있다. 오늘 일 덕분에 새로운 길이 열리는 경우도 있고, 오늘의 결과물이 그대로 다시 쓰이거나 더 아름답게 변형될 수도 있다. 비디오 게임 원화가 피터 첸의 일화를 살펴보자. 어렸을 때부터 드로잉을 즐겨 그렸던 첸은 자신의 결과물에 만족하지 못할 때마다 그 '형편없는' 그림을 구겨버리기 일쑤였다. 첸의 아버지는 쓰레기를 모아 한 번에 버려야 한다는 핑계를 대면서 구겨버리지 말고 차곡차곡 쌓아두라며 아들을 설득했다.

Did we survive the day?

yes,

"우리가 오늘 하루를 버텨낸 거야?"

"그래."

the key

암울한 하루를 보냈을 때
스스로에게 하면 좋을 질문.

question

on

those dark days

아버지가 세상을 떠난 후, 첸은 유품을 정리하다가 '피터'라는 이름표가 붙은 서류철을 발견했다. 서류철을 열어 보니 그 속에는 첸이 아주 오래전에 그렸던, 하지만 마음에 들지 않아 쓰레기통에 버렸던 드로잉들이 한가득 들어 있었다. 아버지가 아들 몰래 쓰레기통을 살피며 몇 점씩 빼내어 모아놓았던 것이다.

매일 주어지는 하루는 새하얀 종이와 비슷하다. 페이지를 열심히 채운 다음에는 소중히 보관하거나 구겨버릴 수도 있지만, 가끔은 재활용 박스 속에 쌓아둔 채 내버려 두는 것도 괜찮다. 그 하루가 어떤 보물로 변할지는 시간만이 알려줄 수 있다.

"모든 하루는 새로운 카드패다.
하루하루 열심히 작업하다 보면
어느 날 좋은 패가 나타날 것이다."

−하비 피카

② 축복의

BUILD A

은신처를

마련해라

BLISS STATION.

# 세상과는 로그아웃하고 나 자신과 접속하자

"세상에 둘러싸인다는 구절 없이
우리의 삶을 표현해내기는 힘들다.
하지만 그런 세상에서 빠져나온 적도 없이
삶이 어떤 모습이며 어떻게 표현해야
가장 적절한지를 이해하는 것은 불가능에 가깝다."

– 팀 크라이더

인간의 창의성은 연결에서 비롯된다. 영감을 얻거나 완성한 작업을 알리려면 타인과 연결되어 있어야 한다. 하나, 그렇다 해도 단절을 빼놓고 창의성을 논할 수는 없다. 충분한 시간 동안 고민하고 연습하면서 사람들에게 보여줄 만한 무언가를 탄생시키는 과정은 반드시 세상을 등진 채 이루어져야 한다. 다시 말해, 사람들이 원하는 것을 만들고 싶다면 일단 숨바꼭질부터 해야 한다.

특히 침묵과 고독이야말로 없어서는 안 되는 조건이다. 예술가들이 오롯이 작업에만 집중하려면 어딘가에 몸을 숨기는 순간이 꼭 필요하다. 하지만 1년 365일 시도 때도 없이 날아오는 스마트폰 푸시 알림들. 연락이 끊일 때가 없는 현대인의 삶은, 그런 도피 같은 일을 벌일 틈을 좀처럼 내어주지 않는다.

이에 대해 《신화의 힘》의 저자 조셉 캠벨은 모든 사람에게 '축복의 은신처'가 필요하다고 조언했다. "아침 신문에 어떤 기사가 실렸는지, 친구들이 무얼 하고 무얼 먹는지 등등…. 이런 소식을 아무것도 모르고 지낼 수 있는 자기만의 공간과 자기만의 시간, 자기만의 하루를 마련해야 한다.

축복의 은신처는 내가 누구이며 어떤 사람인지에 대해서만 온전히 고민하고 답을 찾을 수 있는 곳이자, 창의성을 배양하는 장소다. 물론 처음에는 아무런 변화가 없다고 느낄지도 모른다. 하지만 그 신성한 공간을 내 곁에 두고 꾸준히 방문한다면, 분명히 놀라운 일이 일어날 것이다."

나만을 위한 특별한 장소와 시간을 가질 수 있다면 그 특혜는 초호화 패키지 수준일 것이다. 하지만 내 생각에는 장소와 시간, 둘 중 하나만 있어도 충분한 효과가 있다. 주어진 공간이 어린 자식들과 함께 지내야 하는 비좁은 집 한 채뿐이라면, 은신처가 될 만한 공간은 없지만 그 대신 시간이 있는 것이다. 아이들이 잠든 한밤중이나 학교에 가 있는 시간에는 부엌의 평범한 식탁도 은신처가 될 수 있다. 또 다른 예로, 업무 요청이 시시때때로 들어와서 일정을 미리 계획하기 힘든 경우라면, 앉자마자 작업을 시작할 수 있는 전용 공간을 마련하면 좋다.

세상과 연결을 끊으면 나 자신과 연결될 수 있다. 매일 시간을 내어 이런 의식을 수행하는 것이야말로 세상에서 가장 건강한 일이다. 육아와 생업, 잔뜩 쌓인 피로 외에도 몇천 가지나 되는 요인들이 당신의 창작을

내 차고 안에 마련된 축복의 은신처.

 로그아웃

 모든 소리
끄기

 틈틈이
이어가기

방해할지도 모른다. 하지만 그럴수록 우리는 더더욱 혼자만의 공간과 혼자만의 시간을 마련해야 한다.

캠벨이 던지는 이 질문을 늘 기억하자. "당신의 은신처는 어디에 있는가? 그곳을 찾아나서라."

"우리의 정신을 어지럽히면서 사회와 정치에 대한 순수한 관심을
사회의 질병으로 치부하게 만드는 거대한 감정 쓰레기들을
전부 몰아낼 수 있다는 장점이야말로 혼자만의 시간이 필요한
가장 중요한 이유다. 이러한 청소 과정이 없다면
우리는 제대로 볼 수 없고, 볼 수 없으니 생각할 수도 없다."

—토머스 머튼

# 아침에
# 일어나자마자
# 뉴스를 볼 필요는 없다

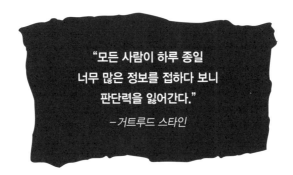

"모든 사람이 하루 종일
너무 많은 정보를 접하다 보니
판단력을 잃어간다."

-거트루드 스타인

한번은 친구가 이런 말을 한 적이 있다. "하루도 빼놓지 않고 끔찍한 뉴스들로 시작하는 일상을 언제까지 견딜 수 있을지 모르겠다." 나는 그 친구에게, 굳이 뉴스로 아침을 시작하지 않아도 삶에 아무런 지장이 없다고 조언해주었다. 누구도 그럴 필요가 없다고 말이다.

새로운 하루를 시작할 때, 일어나자마자 읽어야만 하는 소식은 없다. 잠에서 깨자마자 스마트폰이나 노트북부터 찾는다면, 그 사람은 불안과 혼돈을 하루의 첫 손님으로 초대하고 있는 것이다. 뿐만 아니라 하루 중 아이디어가 가장 샘솟는 순간을 허투루 흘려버리려고 애를 쓰는 격이다.

잠에서 깬 직후에 작업이 가장 잘 된다고 생각하는 아티스트가 어디 한둘이었을까. 그 시간에는 정신이 맑으면서도 아직 꿈의 여운이 남아 있다. 영화감독 프랜시스 포드 코폴라는 "나를 불러대거나 내 기분을 망칠 그 누구도 활동하지 않는 시간"이기 때문에 아침에 작업하길 좋아한다고 말했다. 내 기분을 망칠 수 있는 가장 쉬운 방법은 아침에 일어나자마자 스마트폰을 확인하는 것이다. 어쩌다 운이 좋아서 기분을 망치지는 않았다고 한들, 스마트폰을 들여다보는 동안 이미 시간은 흘렀고 정신은 산만해졌다.

물론 언제 읽느냐에 상관없이 뉴스는 언제나 머릿속을 헤집어놓는다. 1852년에 헨리 데이비드 소로가 쓴 일기에는 주간 신문을 읽기 시작한 이후로 삶과 작업에 온전히 집중하지 못한다는 불평이 적혀 있다. "하루만큼의 가치를 알고 얻어내려면 최소한 하루 이상은 전념해야 한다. 우리의 기대와는 달리, 먼 곳에서 일어나는 사건들을 읽고 듣는 행위는 가까이에서 일어나는 자그마한 사건들을 대수롭지 않게 여기는 마음으로 되돌아온다."

집중력의 크나큰 가치를 깨달은 소로는 주간지를 더 이상 읽지 않았다. 그로부터 약 166년이 지난 지금, 나는 일요 신문 정도는 괜찮다고 생각한다. 일주일 중 하루만 투자해도 정보에 뒤처지지 않을 만큼은 소식을 접할 수 있으니, 나름 건강한 타협이지 않은가.

일어나자마자 스마트폰을 들여다보느라 아침을 망치는 나날이 반복된다면, 다음 방법을 시도해보길 바란다. 잠자리에 들기 전에 침대에서 가장 멀리 떨어진 곳에 스마트폰을 두는 것이다. 팔이 닿을 수 없는 위치라면 조금 가까워도 괜찮다. 아침에 깨고 나면 스마트폰을 보지 않기 위

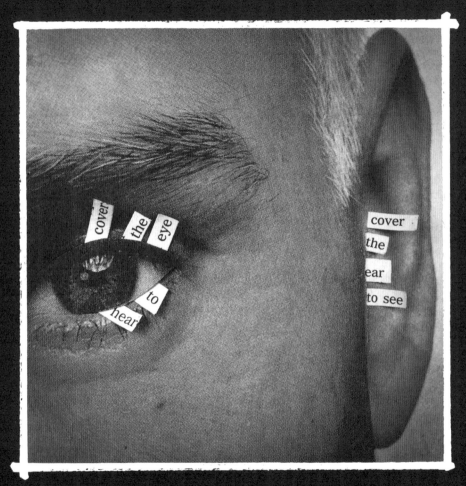

들고 싶다면, 눈을 가려라.
보고 싶다면, 귀를 덮어라.

해 최선을 다하자.

　세상에는 잠을 깨도록 도와주는 방법이 수두룩하다. 스트레칭하기, 산책하기, 달리기, 음악 듣기, 샤워하기, 책 읽기, 아이들과 놀아주기. 꼭 이런 게 아니라도, 잠시 조용히 앉아 있기만 해도 좋다. 나 자신에게 최소 15분만이라도 뉴스에 충격 받지 않는 시간을 선물하자.

　현실 도피가 아니다. 우리는 이 시간 덕분에 내면의 균형과 맑은 정신을 무너뜨리지 않을 수 있고, 오늘 해야 할 일을 더 잘 할 수 있게 된다.

> **"자신의 내면에 눈을 고정하고**
> **광고와 멍청이들에게서 눈을 떼어라.**
>
> −도로시아 태닝

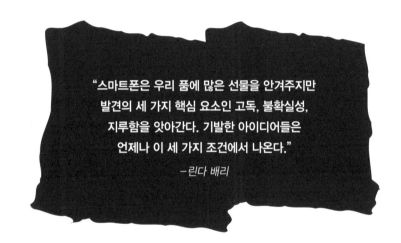

"스마트폰은 우리 품에 많은 선물을 안겨주지만
발견의 세 가지 핵심 요소인 고독, 불확실성,
지루함을 앗아간다. 기발한 아이디어들은
언제나 이 세 가지 조건에서 나온다."

−린다 배리

# 때로는 일상을
# 비행기 모드로 전환하자

예술가 니나 카차두리안은 〈좌석 지정〉이라는 프로젝트를 꾸준히 이어가고 있다. 그녀는 몇 번의 경유를 거쳐 장거리를 비행하며 작품을 만든다. 그때 쓰이는 도구는 스마트폰 카메라와 여행 물품, 비행기 안에서 발견한 재료들뿐이다. 모든 작업은 비행 도중에 이루어진다. 기내용 잡지에 소금을 솔솔 뿌려 잡지 사진 속에 유령 같은 으스스한 이미지를 넣기도 하고, 티셔츠를 이리저리 접어 고릴라 얼굴을 그려내기도 하며, 비행기 화장실의 휴지나 의자를 덮는 천을 몸에 두른 셀카로 플랑드르식 고전 초상화를 재현하기도 한다.

우리 대부분이 스마트폰 중독에 시달리고 있는 동안 카차두리안은 똑같은 스마트폰을 창작 도구로 변형해냈다. 게다가 스마트폰 카메라의 가장 큰 장점은, 그녀가 작업 중이라는 사실을 아무도 모르게 한다는 것이다. 카차두리안은 이렇게 말한다. "가방 속에서 육중한 카메라를 꺼내들면, 그것만으로도 '난 예술작품을 만들고 있어!' 하고 동네방네 떠드는 격이다." 카차두리안의 경우에는 지루한 여행자 한 명이 시간을 때우고 있다고 여겨질 뿐이었다. 2010년에 처음 시작된 〈좌석 지정〉 프로젝트는 200번의 비행을 거쳐 계속 이어지고 있다. 그러는 동안 그녀에게 뭘 하느냐고 물어온 동승자는 지금껏 세 명밖에 없었다고 한다.

나는 비행기에 오를 때마다 그 안에서 할 수 있는 모든 종류의 예술을 생각한다. 내게 작문을 가르친 스승님은 글쓰기에서 가장 중요한 제1의 규칙이 '의자에 엉덩이 붙이기'라고 입버릇처럼 말씀하시곤 했다. 기내에서는 내 의지와 상관없이 전자 기기를 비행기 모드로 바꾸어야만 한다. 말그대로 몸이 의자에 붙어버리기 때문에, 나는 그곳이야말로 작업을 완성해낼 수 있는 최적의 장소라고 생각한다.

견딜 수 없이 지겨워진 예술가는 작업을 시작했다.

그런 경험을 땅으로 끌고 내려와 보는 것은 어떨까. 비행기 모드를 꼭 비행기 안에서만 해야 한다는 법은 없다. 싸구려 귀마개를 끼고 스마트폰이나 태블릿 기기를 비행기 모드로 바꿔보자. 따분한 시간은 어느새 사라지고, 나 자신이나 내 작업과 다시 연결될 수 있는 기회가 찾아올 것이다. 비행기 모드는 단지 스마트폰 기능의 하나가 아니라, 삶의 방향이 될 수 있다.

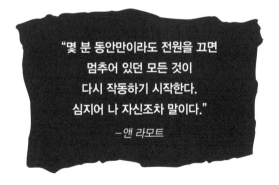

"몇 분 동안만이라도 전원을 끄면
멈추어 있던 모든 것이
다시 작동하기 시작한다.
심지어 나 자신조차 말이다."

−앤 라모트

"저는 거절해야겠습니다. 비밀스러운 사정이 있거든요."

—E.B.화이트

# 거절하는 법을 배우자

자신만의 공간과 시간을 지켜내고 싶은가? 그렇다면 나를 향해 날아오는 각종 초대장을 거절하는 법부터 익혀야 한다.

작가 올리버 색스는 창작 시간을 사수해야 한다는 다짐을 계속 떠올리기 위해 집 전화기 바로 옆에 커다란 'No!' 표시를 붙여놓기까지 했다. 건축가 르 코르뷔지에의 일화도 좋은 예시가 된다. 그는 오전 내내 자신의 아파트에 머무르며 그림을 그렸고 오후가 되어서야 사무실에 가서 건축 작업을 시작했다고 한다. "그림을 그리며 보내는 아침 시간 덕분에 오후에 또렷한 정신으로 일할 수 있다."

르 코르뷔지에는 오전과 오후를 분리해내려고 갖은 노력을 다 했다. 심지어 그림에 서명을 할 때는 본명인 샤를 에두아르 잔느레를 적었다고 전해진다(르 코르뷔지에는 예명이다─옮긴이).

어느 날, 르 코르뷔지에가 그림을 그리던 중에 어떤 기자가 찾아왔다. 기자가 르 코르뷔지에를 만나러 왔다고 하자, 그는 기자의 눈을 똑바로 쳐다보며 말했다. "미안하지만 그 사람은 집에 없소."

거절은 그 자체로 하나의 예술이다. 예술가 재스퍼 존스는 '미안합니다'라고 적힌 커다란 도장을 제작하여 각종 초대장에 찍어서 돌려보냈다. 작가 로버트 하인라인, 평론가 에드먼드 윌슨, 잡지사 〈로우〉의 편집자들은 체크박스 형식의 서류로 거절 의사를 전달했다고 한다. 현대 사회에서는 초대 메시지를 이메일로 받는 경우가 대부분이므로 '거절 메일'을 견본으로 준비해놓는다면 한결 수월할 것이다.

작가 알렉산드라 프란즌은 《누구에게나 친절하게 거절하는 법》에서 다음의 방법을 제안했다. "나를 생각해주어 감사하다는 말을 전한 후 거절 의사를 밝힌다. 가능하다면 참석이 아닌 다른 일로써 도움을 제공한다."

친애하는 ＿＿＿＿＿님에게

저를 떠올려 주셔서
진심으로 감사합니다만,
이번일은 거절의사를
전합니다.

행운을 빌며,

＿＿＿＿＿드림

# Say No

to

everyone

who

I s

not

내가 아닌 모두에게 'No'라고 말하자.

me

소셜 미디어는 'FOMO(the Fear Of Missing Out, 잊히는 두려움)'라고 불리는 인간 문화 현상을 야기했다. FOMO는 우리가 피드 화면을 쭉 훑어보면서 그 피드에 뜨는 모든 사람이 나보다 훨씬 더 나은 삶을 산다고 느끼는, 일종의 감각을 말한다. 이를 해소할 수 있는 방법은 'JOMO(the Joy Of Missing Out, 잊히는 즐거움)'뿐이다. 작가 애닐 대쉬는 JOMO를 다음과 같이 설명한다. "그곳에는 당신이 부러워할 만한 일을 하면서 인생의 시간을 보내는 사람들이 있다. 하지만 그걸 보고도 아무렇지 않게 넘기고 있는 자신의 모습을 알아차리는 순간, 행복과 내면의 평화가 찾아온다."

세상을 향해 'No'를 외친다는 것은 정말 어려운 일이다. 하지만 가끔은 'No'의 과정이 있어야만, 나의 예술과 또렷한 정신에 'Yes'를 외칠 수 있다.

"집중이란, 'No'라고 말하는 것이다."
—스티브 잡스

③ '명사'를
'동사'를

FORGET THE NOUN,

읽고,

해라

DO THE VERB.

# 크리에이티브는
# 명사가 아니다

"무언가를 해냈다고 평가받고 싶다면
실제로 그것을 해내야 한다.
예술가, 건축가, 음악가라는 이름은
노력을 통해 만들어나가야 한다."

— 데이브 히키

세상에는 '동사'를 하기도 전에 '명사'가 되길 원하는 사람들이 참 많다. 스스로 해낸 일도 없이 타이틀부터 원하는 것이다.

틀린 명사를 갈망하고 있다면 틀린 동사만 반복하고 있을 확률이 높다. 예를 들어 어떤 사람들은 '크리에이티브'를 직책처럼 쓰기도 한다. 하지만 그런 행동은 '창의적인 사람들'과 '창의적이지 않은 사람들'이라는 그릇된 정의로 세상을 나누게 된다. 뿐만 아니라 '크리에이티브'라는 타이틀을 가진 사람의 작업이라면 당연히 '창의적'일 수밖에 없다는 뜻을 품고 있다. 하지만 크리에이티브라는 단어는 절대로 결승선이 될 수 없다. 창의성은 무언가를 해내기 위한 수단이며 도구일 뿐이다. 창의성은 거실을 꾸미는 일에도, 걸작을 탄생시킬 때도 쓰일 수 있으며, 심지어 대량살상무기를 고안할 때도 사용된다.

'크리에이티브'가 되기만을 갈망하는 사람은 대부분 자신을 '창의적인 사람'으로 포장하느라 시간을 낭비한다. 디자이너 안경을 쓰고, 맥북 프로 노트북으로 타자를 치고, 햇볕이 따사롭게 내리쬐는 작업실에 앉은 자신의 모습을 인스타그램에 올리고 있진 않은가.

직업이나 직책이라는 타이틀은 한 사람을 망가뜨릴 수 있다. 이름에 너무 신경을 쓰다 보면 실제 작업에 도움이 되는 방법이 아닌, 그 이름에 걸맞은 방법을 찾게 된다. 게다가 타이틀은 그 사람이 할 수 있다고 느끼는 창작의 범위를 제한한다. 자신을 '화가'라고만 정의한다면 글을 쓰고 싶어질 때는 어떻게 될까? '영화 제작자'라는 이름만 고집한다면 입체 작품을 만들고 싶어졌을 때는 뭘 어째야 한단 말인가.

실제로 창작을 시도하기도 전에 자신에게 타이틀을 안겨줄 누군가를 기다리고 있다면 그 사람은 절대로, 그 어떤 창작도 할 수 없다. 작품을 만들지도 않았는데 누군가가 예술가라고 불러주길 기다리고만 있을 수는 없다. 설령 만에 하나 다른 이들의 도움을 받아 그 '명사'를 얻어냈다고 해도, 당신은 열심히 '동사'를 이어나가야 한다.

타이틀은 나 자신을 위한 것이 아니라, 나를 불러야 하는 다른 사람들을 위한 것이다. 내 타이틀이 무엇인지는 다른 사람들이 판단할 문제다. 그런 의미에서 당장 명함을 모두 태워버리는 것도 나쁘지 않다.

명사들은 몽땅 잊어라. 그 대신 동사를 하라.

"나 자신이 무엇인지는 모르겠으나,
하나의 범주에 속하지 않는다는 사실은 잘 안다.
나는 어떤 '것(명사)'이 아니다. 내 자신이
동사를 끊임없이 하고 있을 때,
나는 내가 진화하고 있다고 느낀다."

-R.버크민스터 풀러

# 아이들 놀이처럼 가벼운 마음으로 하자

아이들은 놀이를 통해 세상을 배운다. 우리는 굉장히 쉬운 일을 이야기할 때 '애들 장난 수준'이라는 표현을 쓰지만, 실제로 아이들이 노는 모습을 보면 그 진지함이란 이루 말할 수 없다. 마리아 몬테소리의 말을 빌리자면, "놀이는 아이의 업무다." 내 자식들만 봐도 놀고 있을 때는 자신의 일에 최선을 다한다. 그 애들의 집중하는 눈빛을 보고 있노라면 금방이라도 레이저 광선이 쏟아질 것만 같다. 아이들은 너무 집중한 나머지 얼굴을 찡그린다. 그리고 손에 든 도구가 자기 바람대로 움직여주지 않을 때에는 세상이 무너지기라도 한 것처럼 생떼를 부린다.

내 아들 쥘이 두 살이었을 때, 나는 그 애가 그림 그리는 과정을 지켜보느라 수없이 많은 시간을 보냈다. 그러다가 자연스레 깨달은 사실이 하나 있는데, 아이가 완성된 작품(명사)에는 조금도 신경 쓰지 않는다는 점이었다. 내 아들의 에너지는 오롯이 그리는 행위(동사)에만 쏠려 있었다. 나는 그 애가 그린 그림을 지우기도 하고 보관용 상자 속에 쌓아놓거나 벽에 걸어두곤 했다. 하지만 내가 어떻게 하든 그 애는 신경 쓰지 않았다. 쥘은 재료에도 얽매이지 않았다. 종이와 크레용이든, 하얀 칠판과 마커펜이든, 그 애는 똑같이 즐거워했다.

엄마 아빠가 언제까지 격려할 수 있을지 시험이라도 하듯 소파 쿠션에 분필을 휘갈길 때도 있었지만 그 애는 여전히 즐거워보였다(쿠션 드로잉이 너무 멋져서 나와 아내는 그 선을 따라 자수를 놓기로 결정했다. 물론 마찬가지로, 그 애는 전혀 관심 두지 않았다).

놀이는 아이의 업무지만, 또한 예술가들의 업무이기도 하다. 언젠가 샌프란시스코의 미션 거리에서 산책을 하다가 그곳의 거리 예술가와 한참 이야기를 나눈 적이 있다. 나는 그의 일을 방해한 것 같아 미안하다고 사과했는데, 그 예술가의 대답은 뜻밖이었다. "괜찮아요, 이 작업이 일은 아니니까요. 오히려 놀이라고 볼 수 있죠."

위대한 예술가들이 거쳐 온 작업들을 쭉 살펴보면 전반적으로 장난스러움이 느껴지곤 한다. 지나치게 진중하거나 결과에만 집착하는 행동은 예술가와 작품 모두가 가장 고통 받는 길이다.

아이들 놀이처럼 가벼운 마음으로 작업에 임하고 싶을 때 요긴하게 쓰일 몇 가지 비법을 알려주고자 한다. 작가 커트 보니것은 고등학생 몇 명에게 다음의 과제를 지시하는 편지를 보냈다. 시를 쓰고 누구에게도 보여주지 말 것, 잘게 찢어서 쓰레기통에 버릴 것. "너희는 몰래 쓴 시 덕분에 충분히 보상 받았다고 느끼게 될 거야. 변화를 경험하고, 자기 안에 무엇이 잠들어 있는지 더 많이 알게 되고, 영혼이 성장했다는 느낌을 받게 될 테니까."

이는 작품을 창작하는 행위의 궁극적인 목적을 설명한 것이나 다름

# Looks Like

work.

but I    think

of

it

as

play

일처럼 보이지만.

나는 그것을
놀이라고 생각한다.

not **how we do things"**

**we** **work hard**

**.A. T**

**play**

우리가 일하는 방법은 열심히 놀듯이 하는 것이다.

없다. 내 방식대로 해석하자면 이런 뜻이다. "잘하든 못하든 창작 행위 그 자체만으로도 영혼이 성장할 수 있다니까! 말 좀 들어, 젠장!" 보니것은 그 이후에도 똑같은 말을 형식만 바꾸어 계속 반복했다. 그의 딸 네네트에게는 '영적 운동'의 일환으로 작품을 태워보라고 제안까지 했다(직접 제작한 작품을 태우면 일종의 카타르시스를 느끼게 된다. 예술가 존 발데사리는 자신이 예전에 제작한 작품을 보고 기분이 상해서 모두 불태워버린 후 유골함에 넣었다).

장난스러운 감각이 되살아나지 않는다면 조금씩 연습을 시작해보자. 화르륵 타오르는 산불처럼 파격적인 무언가를 당장 시도할 필요는 없다. 음악을 하는 사람들이라면 녹음 기능을 끈 채 즉흥 연주를 해봐도 좋다. 작가라면 활자로, 예술가라면 드로잉으로 종이를 채운 후 버리면 된다. 사진작가들은 사진을 찍자마자 바로 지워버릴 수 있다. 새로운 장난감이야말로 놀이를 재미있게 만드는 가장 효과적인 수단이다.

익숙하지 않으며 마음껏 주물럭거릴 수 있는 새로운 도구와 재료를 찾아라.

무엇을 시도해도 즐거움을 느낄 수 없다면, 비법이 또 하나 있다. 할 수 있는 방법을 총동원하여 최악의 작품을 만들어보는 것이다. 추하기 그지없는 드로잉, 가장 형편없는 시, 불쾌하기 짝이 없는 노래 말이다. 작품을 일부러 망치는 일은 그 자체로 무지막지하게 재미있다.

이제 마지막 비법이다. 아이들과 함께 놀아보자. 숨바꼭질을 하고, 손가락 그림을 그리고, 블록 탑을 쌓고 무너뜨리기도 해보라. 그중 자기 작업에 어울리는 것이 있다면 무엇이든 이용해보자.

작가 로런스 웨슐러는 작품의 큰 틀을 구상할 때면 어김없이 나무블록 세트를 갖고 놀았다. "나는 이 블록을 내 딸아이에게도 만지지 못하게 한다." 그는 이런 말을 했다. "내 거니까."

진창에 빠져 허우적대지 말자. 그저 가벼운 마음으로, 놀아라.

"자네는 어리석고, 멍청하고, 경솔하고, 얼빠진 사람이
되어보아야 해. 그러고 나면 '할 수 있는' 사람이 되겠지.
'형편없는' 작업을 해 봐. 가능한 한 최악의 작품을 만들고
그 후에 어떤 일이 일어나는지 지켜보게나.
무엇보다도 편안한 마음과 망칠까 봐 두려워하지 않는 자세가
가장 중요하다네. 세상일을 책임질 사람은 많고도 많지만
자네가 작업을 망친다고 해봤자 책임져야 하는 사람은
자네뿐이지 않은가. 그러니까, '하게'."

—솔 르윗이 에바 헤세에게 했던 말 중에서

④ 선물을

MAKE

만들어라

GIFTS.

"돈을 떠올리는 순간,
신은 우리 곁을 떠난다."

－퀸시 존스

# 소중한 취미는
# 반드시 지켜내자

살면서 겪을 때마다 화가 치밀어 오르는 동시대 문화 현상이 하나 있다. 예를 들어, 목도리를 멋지게 뜨는 친구가 한 명 있다고 해보자. 그 친구는 머릿속을 비우고 싶을 때나 출퇴근 시간의 길고 긴 열차 여행을 견디기 위해 뜨개질을 한다.

케이크를 즐겨 굽는 또 한 명의 친구가 있다. 그 친구는 회사에서 받은 스트레스를 해소하기 위해 평일 퇴근 후 저녁이나 주말에 케이크를 굽는다.

이 두 사람과 당신, 이렇게 세 명이 누군가의 생일 파티에 참석한다. 뜨개질하는 친구가 최근에 완성한 목도리를 꺼내 생일 당사자에게 선물

한다. 엄청나게 아름다운 목도리다. 과연 이 상황에서 당신은 어떤 반응을 보일 것인가? 대부분이 이렇게 말한다.

"이야, 이건 팔아도 되겠다!"

선물 증정식이 모두 끝나고, 베이킹을 좋아하는 친구가 자신이 구워온 케이크를 꺼낸다. 친구들 사이에서 탄성이 흘러나온다. 이번에는 무슨 말을 할까?

"넌 빵집을 열어도 되겠다!"

현대인은 사랑하는 사람들에게 시장 용어를 사용해서 칭찬하도록 교육 받았다. 한 친구가 특정 분야에 재능을 보이는 순간, 우리는 그 재능을 밥벌이 수단으로 바꾸라고 제안한다. 뛰어난 재능이 있으니 자신이 좋아하는 일로 돈을 벌 수 있다고, 나름대로 최고의 칭찬을 해주고 있는 것이다.

과거에는 취미라는 것이 있었지만, 지금의 우리에게는 '부업'밖에 남지 않았다. 우리도 과거에는 여가 활동을 통해 지친 마음을 위로받고, 업무에서 눈을 뗄 수 있었으며, 삶의 의미를 찾을 수 있었다. 하지만 사회 안전망이 깨지고 안정적인 일자리들이 사라지는 등 상황이 계속 나빠지

## 어떻게 살아남을까?

① 나를 살아 있게 해주는
   취미를 찾자

② 그것을 '말 그대로'
   살아 있게 해주는
   수단으로 바꿔보자

③ 이런! 실패했다면
   1단계로 다시 돌아간다

after

he

started

## *to Make Money*

the

그가 돈을 벌기 시작하니까
작품이 망했다.

work-

was poor,

면서, 오늘날에는 여가 활동을 또 다른 밥벌이 수단이나 잠재적 수입원쯤으로 여기게 되었다.

나의 경우는 아주아주 큰 행운이 따랐다고 본다. 어떻게 보면 꿈속에서 살고 있다고 해도 과언이 아닐 것이다. 돈을 많이 벌지는 못한다 해도, 계속 이어나가려고 했던 일을 무려 돈까지 받으며 하고 있지 않은가. 하지만 좋아하는 취미가 나 자신은 물론 가족을 먹이고 입히는 생업으로 바뀌는 순간, 상황은 얼마든지 나빠질 수 있다. 열정을 생계유지 수단으로 전환한 어느 누구에게나 물어봐도 위험한 길이라고 이야기한다. 내가 사랑했던 취미가 꼴도 보기 싫어질 수 있는 가장 빠른 길은 취미를 밥벌이 수단으로 삼는 것이다. 나를 살아 있게 해주던 취미가 말 그대로 내 목숨을 책임지게 되는 상황 말이다.

열정을 이용해 돈을 번다는 상황이 내 삶에 어떤 영향을 미치게 될지 심각하게 고민해봐야 한다. 머지않아 평범한 일을 하는 편이 더 낫다고 느낄게 될지도 모른다. 만에 하나 창작으로 돈을 벌 수 있게 되었다고 해도, 창작에 수반되는 그 모든 과정을 돈으로 생각하는 마음을 버려야 한다.

자신의 전부를 시장에 내놓을 생각은 금물이다. 아주 사소한 부분이라도, 나를 위해 최소한의 영역은 남겨두자. 그 자그마한 영역이야말로 내가 나답게 살아갈 수 있는 이유다. 예술가나 프리랜서로 사는 삶이란 지금뿐이 아니라 어느 시대에서도 힘들었다. 그러니 자신이 살고자 하는 생활방식과 필요한 예산을 확인하고, 돈을 바라고 하는 일과 돈이 없어도 할 일 사이에 뚜렷한 선을 긋자.

그리고 한 가지 더! 하고 싶은 대로 마음껏 예술혼을 불태우고 싶다면 부수적인 지출 비용을 줄여야 한다. 예산에 딱 맞춰 사는 것이 아니라, 예산을 충분히 남겨두어야 자유로운 창작이 가능하다. "좋아하는 일을 하며 살아라!" 연설가들은 사람들을 격려한답시고 이런 말을 외친다. 하지만 내 생각에, 어떤 장애물을 만나도 좋아하는 일을 포기하지 말라고 말하려면 자금 관리 요령에 대해서도 충분히 언급해야 한다. 아래처럼 말이다.

"좋아하는 일을 하며 산다" + 낮은 지출 = 좋은 삶

"좋아하는 일을 하며 산다" + "난 이것도 갖고 저것도 가져야 해"

= 시한폭탄

"돈을 벌 수 없는 취미는 이로울 수밖에 없다.
그러니 당신의 꿈을 좇아 달리되,
취미가 직업으로 바뀌기 직전에는 멈춰라.
그 지점에서 유턴하여 반대쪽을 향해 달려라."

−데이비드 레스

"숫자로 셀 수 있는 모든 것이 중요하지는 않으며,
중요한 모든 것을 숫자로 셀 수 있지도 않다."

–윌리엄 브루스 카메론

# 숫자를
# 무시하자

돈이 아니더라도, 숫자가 창작 행위의 가치를 변질시키는 경우는 얼마든지 있다. 작품을 디지털화하여 인터넷에 올리는 행위는 그 작품이 인터넷 세계의 측정법 안에서 숫자로 평가받게 되는 결과를 낳는다. 예를 들어 웹사이트 방문 수, 좋아요 수, 공유 수, 리트윗 수, 팔로워 수 등등처럼 말이다.

돈에 대한 집착과 별반 다르지 않게, 우리는 인터넷상 숫자에 아주 쉽게 흔들린다. 당신에게도 그 숫자에 따라 다음 작업의 방향을 결정해야 한다는 유혹이 시도 때도 없이 찾아올 것이다. 그 숫자라는 것이 얼마나

# 명심할 것

- **□** 돈은 탁자에
  그대로 놔둔다

- **□** 다음 단계로
  넘어가야한다는
  집착을 버린다

- **□** 낮은 곳에 걸려 있는
  과일은 떨어져 썩도록
  가만히 둔다

얄팍한지 미처 깨닫지 못했다면 말이다.

아마존 판매 순위에는 내 책을 두 번 읽은 사람도 있다든지, 그 책이 너무나 감명 깊었던 나머지 친구에게도 빌려주었다든지 하는 정보들은 하나도 담겨 있지 않다.

인스타그램의 좋아요 수는 내가 만든 이미지가 누군가의 머릿속에 각인되어 한 달 동안이나 계속 떠올랐다는 사실을 알려주지 않는다. 스트리밍 방송 시청자 수는 실제 사람이 찾아와 오프라인 공연을 감상하는 경우와 완전히 다르다.

그 모든 클릭이, 내 인생을 걸 만한 대단한 가치라도 되는 것인가? 만에 하나 어떤 대단한 가치가 들어 있다 한들, 순식간에 나타났다가 순식간에 사라질 수밖에 없다. 온라인 세상 속 요소 하나하나는 찰나의 관심을 집중적으로 노린 클릭 유도 장치들이기 때문이다. 순식간에 치고 빠진달까.

아주 오래전부터 눈치채고 있었던 사실이 하나 있다. 내 스스로 자랑스러운 기분이 들어서 인터넷에 올리는 작품과 그 작품이 받는 좋아요,

리트윗 수 사이에는 상관관계가 거의 없다는 것이다. 영원에 가까운 긴 시간을 투자해가며 열심히 만든 작품을 올렸지만 파리 한 마리 없이 고요했던 적이 어디 한두 번인가.

반면 아무 기대 없이 쉬엄쉬엄 만들어낸, 내 성에는 절대 차지 않는 작품을 올렸는데 일파만파 퍼져나가는 경우도 많았다. 내 작업의 방향이 인터넷의 클릭 수에 휘둘리게 된다면 그 모습을 지켜보는 내 심장은 오래 버티지 못할 것이다.

작품을 인터넷에 올리게 된다면 어쩌다 한 번씩 만이라도 숫자들을 무시하려고 노력해보자. 우선, 작품을 공유하는 시점과 피드백을 확인하는 시점 사이의 간극을 늘려보자. 포스트를 올린 후 일주일 동안은 반응을 확인하지 마라. 블로그의 분석 기능을 끈 채로 쓰고 싶은 내용을 마음껏 써보자. 소셜 미디어의 숫자들을 가려주는 플러그인을 다운받는 방법도 좋다.

숫자 기반의 양적 기준에서 잠시라도 벗어나야 질적 기준으로 되돌아갈 수 있다. 그 작품이 좋은가, 진짜로 좋은 작품이 맞나, 나는 이 작품이 마음에 드는가 하는 것처럼 말이다. 또한 숫자를 무시하면 작품이 이 끌어내는 측정불가의 영향력에도 초점을 맞출 수 있다. 쉽게 말해서, 그 작품이 자신의 영혼에 미치는 영향을 판단하게 될 것이다.

> "최종 결과물만 생각하고 작업하는 예술가는
> 이 세상에 한 명도 없다. 예술가라면 그 결과물을
> 얻어내기 위한 과정까지도 사랑해야 한다."
>
> —로버트 파라 카폰

"작품을 돈 때문에 만들지는 마라.
그렇게 탄생한 작품은 절대로 충분한 돈을 안겨주지 못한다.
유명해지고 싶어서 작품을 만들지는 마라.
어차피 바라는 만큼 유명해지지는 못할 테니까.
사람들을 위한 선물을 만들어야 한다. 사람들이 그 선물을 알아보고
좋아하게 될 미래를 상상하면서 열심히 작업해라."

—존 그린

# 선물이 없는 곳에, 예술은 없다

'Suckcess'라는 단어가 있다. 어떻게든 성공을 얻어내기는 했지만 능력이 그보다 한참 못 미치는 경우나 자기 스스로 형편없다고 생각하는 결과물이 남들에게 성공으로 비쳐지는 순간이 모두 여기에 해당된다.

'Suckcess'는 시인 장 콕토가 "이 세상에는 실패보다도 못한 성공이 존재한다"는 말을 하면서 언급한 단어다. 장 콕토는 그의 저서 《기프트》에서, 예술은 개인적인 선물이 되기도 하고 시장경제 속에 존재하기도 하지만, 결국 '선물이 없는 곳에 예술은 없다'고 주장했다. 예술이 시장성에 지배당하기 시작하면 작품은 선물로서의 가치를 잃는다. 클릭 수와 판매 가

**101**

능성에 휘둘려 작업 방향이 바뀌는 바로 그 순간, 작품은 예술이라 불릴 수 있는 필요조건을 잃게 되는 것이다.

창작자는 마법 같은 꿈을 꾸다가도 현실로 되돌아오고, 머지않아 또다시 꿈을 꾸게 되는 순환을 반복한다. 작업을 하다 보면 자신의 재능이 더 이상 남아 있지 않다거나 사라지고 있다고 느끼는 순간이 한 번씩 온다. 그때의 슬럼프를 이겨낼 수 있는 가장 빠른 길은 시장 밖으로 빠져나와 선물을 만드는 것이다.

내 아들 오언이 다섯 살이던 시절, 그 애는 로봇에 엄청난 집착을 보였다. 그래서 나는 진행 중인 작품이 마음에 안 들거나 내 자신이 한심하다고 느껴질 때마다, 30분 동안은 작업을 멈추고 잡지 속 이미지들과 투명 테이프만 이용해서 로봇 모양 콜라주를 제작했다.

오언에게 로봇 콜라주를 건네주면 아이는 금세 뒤돌아 나를 위한 로봇을 만들어주곤 했다.

우리는 그렇게 몇 번이고 선물을 주고받았다. 그러다가 아이들이 흔히 그러듯 내 아들도 어느 순간 로봇에 흥미가 떨어지고 다른 무언가에 집착하게 되었다. 그 시기에 아들을 위해 제작한 로봇 콜라주들은 내가 이제껏 만든 그 어떤 작품보다도 만족스러운 창작으로 손에 꼽힌다. 아직까지도 그 생각에는 변함이 없다.

당신도 한번 시도해보라. 작품이 전혀 마음에 들지 않고 막막한 기분이 몰려온다면, 당신이 특별하게 생각하는 사람을 골라서 그 사람을 위한 선물을 만들어라. 많은 관객에게 사랑받는 위치에 있다면, 관객들이 특별하다고 여길 만한 무언가를 만들어 선물해라. 심지어 더욱 효과적인 방법이 있다. 누군가에게 작품을 제작하는 당신만의 노하우를 가르쳐주는 것이다. 그리고 그 기분이 어떤지를 느껴보라. 그 감정이 당신을 더 나은 곳으로 데려다주는지 지켜보자.

# 누구를 감동시키고 싶은가?

어느 날 엄청난 행운이 따라
당신이 작품을 선보이는 곳에 수많은
사람이 몰려올 수도 있을 것이다.
설령 그렇다 해도 당신이 의견을
듣고 싶은 대상은 몇 명 안 될 확률이 높다.
그러니 특별한 사람들이 누구인지
지금 당장 알아내서
그 사람들을 위한 선물을 만들자.
만들고, 또 만들고…

한 사람을 위해 만든 선물이 어느 날 온 세상을 위한 선물로 변할지도 모른다. 침대맡에서 자식들에게 읽어주려고 만든 이야기가 훗날 세계적인 베스트셀러로 읽히는 사례는 또 얼마나 많은가. A.A.밀른은 아들 크리스토퍼 로빈 밀른을 위해 《곰돌이 푸》를 지었다. 아스트리드 린드그렌의 딸 카린이 병상에 누워 있던 시절, 카린은 '삐삐 롱스타킹'이라는 이름의 여자아이 이야기를 해달라고 엄마를 조르곤 했다. J.R.R. 톨킨은 자식들을 위해 마법 같은 이야기를 들려주곤 했는데, 결국은 C.S. 루이스의 권유로 그 이야기들을 엮어 《호빗》이라는 책으로 펴냈다. 이런 사례들을 전부 다 이야기하자면 끝이 나지 않을 것이다.

선물을 만들어라. 그래야 우리 안의 재능에 닿을 수 있다.

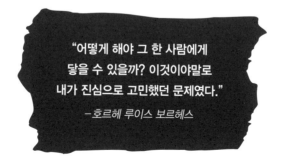

"어떻게 해야 그 한 사람에게
닿을 수 있을까? 이것이야말로
내가 진심으로 고민했던 문제였다."

−호르헤 루이스 보르헤스

⑤ 평범한

+ 관심을

= 특별해

THE ORDINARY + EXTRA ATTENTION

# 것에

## 가지면

## 진다

= THE EXTRAORDINARY

# 평범한 일상 속에서
# 마법을 발견하자

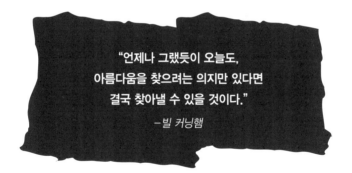

"언제나 그랬듯이 오늘도,
아름다움을 찾으려는 의지만 있다면
결국 찾아낼 수 있을 것이다."

―빌 커닝햄

내가 영웅처럼 존경하는 예술가들 중에는 수녀도 한 명 있다.

마리아 코리타 켄트 수녀는 1960년대에 로스앤젤레스의 이매큘러트 하트 칼리지(그 당시에는 수도원이었다 – 옮긴이)에서 예술을 가르치고 있었다. 그러던 어느 날, 그녀는 앤디 워홀의 전시를 보고 영감을 얻어 실크 스크린 판화를 제작하기 시작했다. 켄트는 시내 곳곳에 널린 광고와 간판들(보통 우리가 생각할 때는 쓸모도 없고 요란하기만 해서 시각적 쓰레기처럼 여겨지는 대상이다)을 사진으로 찍어 수집했다. 그런 다음 본래의 상업적 문구를 지우고 그 위에 성경 구절을 적어 넣어, 종교적 메시지가 담긴 성스러운 작품처럼 보이도록 판화로 찍어냈다.

예를 들어 제너럴 밀즈(General Mills)사 로고에 적힌 "커다란 G는 영양분(goodness)을 상징한다"는 슬로건만 뚝 떼어와 로고의 'G'가 신을 상징하는 것 같은 분위기를 만들어냈다. 세이프웨이(Safeway) 슈퍼마켓 로고를 차용한 작품에서는 'Safe'와 'Way'를 서로 분리하여 구원의 길로 안내하는 이정표를 만들어내기도 했다. 세상만사에 신을 떠올리는 마음은 신자로서 중요한 덕목일 것이다. 그래서 켄트는 신을 찾았다. 하필이면 광고에서 말이다. 켄트는 아름다움을 찾고자 하는 사람들이 첫 번째로 떠올릴 만한 곳은 절대 아닐, 로스앤젤레스의 인공 풍경을 바라보았다. 그리고 그곳에서 아름다움을 찾아냈다.

켄트는 평범한 대상을 선택하여 '평범하지 않도록' 만드는 것이 목표였다고 설명했다(켄트는 '평범하지 않다'는 단어가 '예술'이라는 단어보다 한 단계 위라고 생각했다). "내가 하는 일이 예술이라고 생각하진 않는다. 나는 마음에 드는 대상을 커다랗게 확대했을 뿐이다." 켄트는 평범한 세상을 바라보는 자기만의 방법을 학생들에게도 가르쳤다. 학생들에게 종이에 카메라 뷰파인더 모양의 구멍을 뚫은 파인더를 만들도록 시킨 뒤 함께 야외 견학을 다녔다고 한다. 평소에는 있는지도 몰랐던 대상들을 새롭게 발견해내는 법을 가르쳤던 것이다.

진정으로 위대한 예술가들은 일상에서도 마법을 찾아낸다. 에밀리 디킨슨은 뜯어진 편지봉투 뒷면에 불후의 시를 적곤 했다. 다다 예술가인 한나 회흐는 출판사에서 일할 때 쓰던 의상 패턴들로 콜라주를 제작했다. 셀리 만은 자신의 집이었던 버지니아 농장에서 슬하의 세 아이들이 뛰어

telescopes see the light of the universe,

using this trick known as Glass,

망원경은 '유리'라고 불리는
마술 도구를 이용해서
우주의 빛을 담아낸다.

it is our

하지만 어디를 보아야 하는지는 우리에게 달렸다.

job to know where to look

노는 모습을 포착하여 아름다운 사진 작품을 탄생시켰다(또한 그녀의 친구이자 화가였던 톰블리는 렉싱턴의 월마트 앞 벤치에 앉아 예술적 영감을 위해 행인들을 오랫동안 관찰했다).

창작에 관련된 모든 문제를 해결하려면 평범한 삶을 포기하고 완전히 새로운 삶을 살아야 한다고 생각하는 사람들이 참 많다. 생업을 관두고, '힙'한 도시로 넘어가서 완벽한 작업실을 얻고, 명석한 사회 부적응자들이 우글대는 바로 그 모임에서 활동할 수 있다면 얼마나 좋을까. 그럴 수만 있다면 작업이 정말 잘 될 텐데!

당연하겠지만, 이런 조건들은 전부 그림의 떡일 뿐이다. 독특한 작품을 만들고 싶다고 해서 독특한 인생을 살 필요는 없다. 독특한 작품을 제작할 때 필요한 그 모든 요소는 평범한 일상에서도 쉽게 찾을 수 있다.

자신의 예술적 목표가 "주위의 평범한 사물을 바라보는 시선에 새 삶을 불어넣는 것"이라는 르네 마그리트의 말을 떠올려보자. 마그리트는 예술가가 해야 하는 일을 정확히 짚어주었다. 예술가들은 일상에 각별한 관심을 쏟음으로써 이를 지켜보는 사람들이 세상에 관심을 갖도록 만든다.

우리의 삶을 예술로 승화해내고 싶다면, 가장 먼저 해야 할 일은 자기 자신의 삶에 더욱 관심을 기울이는 것이다.

"나는 예술이 일상과 평범함 속에서 탄생한다는 말을 믿는다. 그래서 나는 작품을 위해 집을 떠나본 적이 단 한 번도 없다."

−셸리 만

# 속도를 늦추고 드로잉을 하자

"속도를 늦추자. 천천히 살거나 천천히 말하라는
뜻이 아니다. 신경이 반응하는 속도를 늦추어야 한다."

−존 스타인벡

번개라도 치듯 빠르게 달리고 있을 때는 주위를 제대로 바라볼 수 없다. 창작은 다른 사람들이 보지 못하는 것을 보아야 하므로 우리는 제대로 볼 수 있을 만큼 속도를 줄여야 한다.

워낙 '빠름'에 집착하는 시대이다 보니 속도를 늦추려면 특별한 훈련이 필요하다. 예술 평론가 피터 클로시어는 명상법을 익힌 다음에야 비로소 자신이 미술품을 감상하는 시간이 얼마나 적은지 깨닫게 되었다고 한다. "미술관에서 진짜로 바라보아야 할 대상은 그림인데도, 그림을 감상하는 시간이 벽에 붙은 캡션을 읽는 시간보다도 짧다고 느끼곤 했다." 클로시어는 슬로 푸드와 슬로 쿠킹이 유행하는 시대 흐름에 용기를 얻었다. 그는 몇몇 미술관과 갤러리를 설득하여 한 시간 동안 한 작품만을 감상하는 '1시간당 1작품' 캠페인을 주도하기 시작했다. 그 덕분에 슬로 루킹(slow looking)이 유행하게 되었고, 이제는 다른 도시의 미술관들까지도 관련 이벤트를 열고 있다. 슬로 아트 데이 웹사이트에 실린 다음의 문장은 슬로 루킹 정신의 요점을 잘 짚어냈다. "천천히 보게 되면… 사람들은 발견을 이뤄낸다."

사실 나는 손을 가만히 두는 걸 못 버티는 성격이다. 그래서 속도를 늦추고 주위를 제대로 바라보라고 내 자신을 채찍질할 때도 드로잉을 가장 애용한다. 인류는 몇천 년 전부터 드로잉 작업을 해왔다. 누구에게나 주어지는 값싼 도구들로도 마음껏 그릴 수 있기에 고대 시기부터 전해 내려오는 창작 활동이 아니던가. 드로잉을 할 때는 꼭 대단한 예술가처럼 잘 그리지 않아도 괜찮다. 두 눈만 있어도, 심지어는 한쪽 눈만 있어도 할 수 있다.

만화가 크리스 웨어는 이런 말을 했다. "드로잉은 우리가 성인이 된 이후로 하지 않게 된 놀이이자, 대상을 바라보는 또 다른 방법이다." 웨어의 표현대로라면 우리는 모두 '기억과 불안이라는 구름'에 둘러싸여 제자리만 돌고 있다. 하지만 드로잉이라는 행위의 힘을 빌리면 우리도 현재를 살 수 있으며, 눈앞에 실재하는 대상에만 오롯이 집중할 수 있다.

드로잉은 무언가를 '보는' 연습이기 때문에, 그림에 아무런 재능이 없는 사람들도 드로잉이라면 몇 트럭은 뽑아낼 수 있을 것이다. 영화 평론가 로저 에버트는 노년에 스케치하는 습관을 갖게 되어 블로그에 소감을

위를 올려다보라

올린 적이 있는데, 그 글에는 이런 표현이 담겼다. "앉아서 스케치하는 덕분에 대상을 뚫어지게 쳐다볼 수밖에 없었다." 에버트는 드로잉이야말로 "어떤 장소나 순간을 더 깊이 경험하는 수단"이었다고 덧붙였다.

드로잉을 하면 더 잘 보게 될 뿐 아니라 더 잘 느끼게 된다. 에버트가 관찰한 바로는, "스케치북을 들고 다니는 예술가는 언제나 행복해 보인다." 한편, 작가 모리스 센닥은 이런 말을 남기기도 했다. "드로잉은 숭고하다. 그 시간에는 마법이 일어난다. 안 좋은 습관이나 성격적 결함 등 나를 괴롭히는 각종 문제들이 전부 흐릿해진다. 신경 쓰이지 않는다."

요즘은 어디론가 나가서 대상을 포착할 때 스마트폰의 카메라 기능이 유용하게 쓰이지만, 그럼에도 드로잉이 주는 독보적인 가치는 전혀 변하지 않았다. 앙리 카르티에 브레송은 '결정적 순간'이라고 부르는 장면들을 필름에 담아내는 사진작가다. 그는 해당 작업으로 전설적인 위치에 올랐음에도 불구하고 나중에는 자신의 첫사랑인 드로잉으로 되돌아갔다. 그의 책 《영혼의 시선》에서 브레송은 자신의 두 연인들이 어떻게 다른가에 대해 이렇게 설명한다. "사진이 즉각적인 반응이라면, 드로잉은 명상이다."

2018년에는 한때 예술 작품을 직접 스케치하고 싶어 하는 사람들이 늘어나는 추세가 있었다. 그 사실을 알아차린 대영박물관은 방문객들에게 연필과 종이를 제공하기 시작했다. 당시 큐레이터 한 명은 이런 말을 남겼다. "종이와 연필을 손에 쥐어야 하나의 작품을 훨씬 더 오래 바라볼 수 있습니다."

속도를 늦추고 자신이 사는 세상을 제대로 보고 싶다면, 연필과 종이 한 장을 집어 들고 눈에 보이는 풍경을 그리기 시작해라. 그러면 당신은 드로잉 덕분에 이전에 놓쳤던 아름다움까지도 다시 찾아낼 수 있다.

만화가 E.O.플라우엔은 이런 말을 남겼다. "드로잉을 하면… 세상은 훨씬 더 아름다워진다. 정말 엄청나게 아름답다."

"드로잉이라는 훈련 도구 덕분에, 나는 세상을 몇 번이고 다시 보게 된다. 내가 무얼 그리지 않았고 무얼 제대로 보지 못했는지를 알게 된다. 아무리 평범한 사물을 그려도, 나는 드로잉을 시작함과 동시에 그것이 얼마나 독특한 대상이었는지를 깨닫는다. 기적 그 자체다."

— 프레드릭 프랑크

# 관심이 향하는 곳을 주목하자

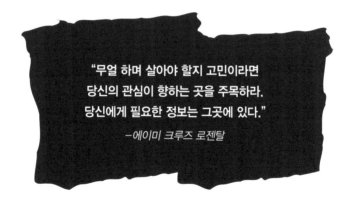

"무얼 하며 살아야 할지 고민이라면
당신의 관심이 향하는 곳을 주목하라.
당신에게 필요한 정보는 그곳에 있다."

−에이미 크루즈 로젠탈

관심은 한 사람이 소유할 수 있는 가장 값진 것들 중 하나이자. 세상 모든 사람이 탐내는 보석이다. 사라지지 않도록 기를 쓰고 지켜내야 하는 이유다.

또한 관심은 반드시 정확한 곳을 겨누어야 한다. 관심을 겨누었던 목표물들이 쌓이고 쌓여서 그 사람의 삶과 작품을 빚어내기 때문이다. "경험은 내 선택에 의해 일어난다." 심리학자 윌리엄 제임스는 이런 말을 남겼다. "내가 주목하는 대상만이 내 생각에 영향을 미친다."

우리는 진심으로 아끼는 대상에 관심을 두지만, 자신이 무엇을 아끼는지조차 모르고 넘어가는 경우도 있다. 그래서 나의 경우에는 꼬박꼬박 일기를 쓴다. 이유를 따지자면 한두 가지가 아닐 테지만, 일기를 쓰는 일은 내 삶에 집중할 수 있는 특별한 방법이다. 책상에 앉아 일상을 적는 일을 매일 아침 반복하다 보면 자연스레 내 삶에 주목하게 되고, 시간이 흐른 후에는 내 관심이 어디 어디를 거쳐 왔다는 기록까지 생긴다. 일기를 꾸준히 쓰는 사람들은 대부분 지난 일기를 굳이 다시 읽으려고 하지 않는다. 하지만 나는 과거의 일기를 다시 읽어보는 것이야말로 일기의 힘을

곱절로 키워낸다는 사실을 어느 순간 깨달았다. 일기에서 나만의 패턴을 발견했기 때문이다. 내가 무얼 진정으로 아끼는지, 내 자신을 더 깊이 이해할 수 있었다.

관심의 방향을 고민할 때 예술이 시작된다고 한다면, 그 방향을 주목하려는 시도는 삶을 빚어낸다. 당신의 관심이 어디에 머물렀는지 주기적으로 살펴보는 시간을 가져야 하는 이유다. 일기라면 다시 읽고, 스케치북이라면 앞장을 넘겨보자(만화가 케이트 비튼은 자신이 만약 드로잉에 대한 책을 쓰게 된다면 그 제목을 '당신의 드로잉에 관심 갖자'라고 지을 거라 말했다).

> "어딘가에 관심을 기울이는 것. 우리가 언제까지고 멈추지 말아야 할 진정한 임무다."
>
> —메리 올리버

사진 저장소를 훑어보고, 찍었던 영상을 재생해보자. 녹음한 음악을 다시 들어보자(뮤지션인 아서 러셀은 종종 맨해튼 거리를 오랫동안 산책하면서 자신의 녹음테이프를 들었다고 한다). 예전 작업을 되돌아보는 시간을 가져야 자신이 무엇을 해왔고, 이다음엔 무엇을 할지에 대한 큰 그림을 그릴 수 있게 된다.

# A Person

This was not lost on

is

who

그런 사람.
누군가의 조언을 흘려듣지 않는 사람이
되고 싶다.

I
want to

be

자신의 삶에 변화를 주고 싶다면 관심의 목적지를 바꾸어야 한다. 제사 크리스핀이 집필한 글에 이런 대목이 있다. "우리가 관심을 주었기 때문에 그 대상에 의미가 생긴 것이다. 어딘가에 쏟았던 관심을 다른 곳으로 옮긴다면, 미래는 바뀔 수밖에 없다."

존 태런트의 말마따나, "관심은 사랑의 밑바탕이다." 자신의 일상에 관심을 기울이면 그 삶을 사랑할 수 있게 된다. 그리고 창작 소재는 당연히 따라올 것이다.

"무엇에 관심 있는지 알려주시오.
그럼 나는 당신이 누구인지를
알려줄 테니."

–호세 오르테가 이 가세트

# ⑥ 내 안의

## SLAY THE

예술 괴물을

없애라

ART MONSTERS.

# 예술은 삶을 위한 것이다 (그 반대가 아니다)

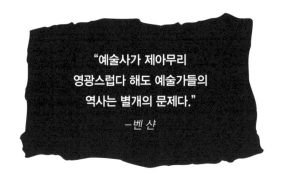

"예술사가 제아무리
영광스럽다 해도 예술가들의
역사는 별개의 문제다."

—벤 샨

예술에 대한 수많은 이야기들 중 가장 멍청한 문장을 뽑아 상을 준다고 해보자. 나라면 TV 프로그램 〈60분〉의 해설자 앤디 루니에게 트로피를 안겨줄 것이다. 록 그룹 너바나의 리더 커트 코베인이 자살한 직후에 "어느 누구의 예술도, 그 작품을 탄생시킨 창작자보다 뛰어날 수는 없다"라는 망발을 지껄이지 않았던가.

예술사 수천 년 중 아무데나 찍어 휙 들어갔다 나오기만 해도 그 말이 틀렸다는 사실을 곧바로 깨달을 것이다. 역사 속 걸작의 상당수가 무례하기 짝이 없는 인간, 소름끼치는 인간, 평민의 피를 쪽쪽 빨아대던 흡혈귀 같은 인간의 손에서 탄생했다. 심지어는 살아생전 하도 범죄를 저질러서, 희생자를 일렬로 세울 수도 있을 만한 악마들까지도. 제니 오필의 《사색의 부서》에 나오는 표현을 빌리자면, 우리는 이런 사람들을 '예술하는 괴물'이라고 부른다.

삶 자체를 보면 비난받아 마땅한 사람들이 아름답고 감동적인 작품을 만들어낼 수도, 후세에 유용하게 쓰일 무언가를 생산할 수도 있다는 사실을 마주하는 것이 더할 나위 없이 고통스러울지도 모른다. 하지만 이러한 현실을 어떤 식으로 다루고 처리할지, 어떤 대안을 세워 앞으로 나아갈지에 대한 문제는 창작자가 언젠가는 넘어야 할 산이나 다름없다.

그나마 위안이 되는 사실이 있다면, 점점 '예술하는 괴물'들이 심판받는 추세라는 것이다. 예술가가 자식에게 소홀하거나 불륜을 저지르거나 폭력을 저지르거나 중독 증세를 보여야만 걸작이 나올 수 있다든지, 걸작을 탄생시키면 이 모든 잘못이 용서받을 수 있다든지 하는 끔찍한 전설은 무너지고 있다. 인간이기를 포기한 삶인데도 훌륭한 작품을 제작했다는 핑계로 면죄부를 받을 수 있는 시절이 있었겠지만, 그런 날들은 이제 저물고 있는 듯하다. 예술 괴물은 사회에 아무런 도움도 주지 못할뿐더러 매력도 없다. 그 누구라도 이런 예술가들을 용납하거나, 용서하거나, 모방해서는 안 된다.

진정한 예술가는 관객들이 삶을 새롭게 인식하고 가능성을 발견할 수 있도록 길을 열어준다. "작가라는 직업은 사람들이 절망에 빠지지 않도록 붙잡아주기 위해 존재한다." 작가 세라 맨구소는 이렇게 말했다. "사람들이 어떤 작품을 읽고 계속 살아갈 마음을 먹는다면 그 작가는 마

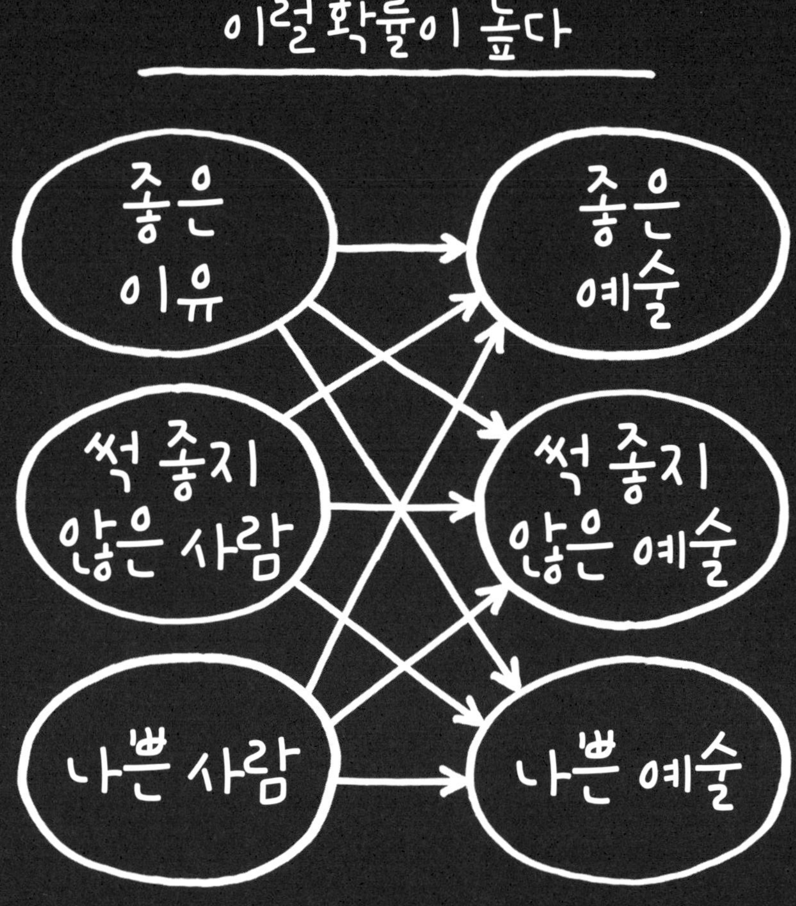

이럴 확률이 높다
좋은 이유
쩍 좋지 않은 사람
나쁜 사람
좋은 예술
쩍 좋지 않은 예술
나쁜 예술

땅한 임무를 수행하고 있는 것이다."

한마디로 말해서, 예술은 조금 더 나은 세상을 만들어야 한다. 이 법칙은 작품에서도, 제작 과정에서도 똑같이 적용된다. 작품을 제작하느라 본인을 포함한 어느 누군가의 삶을 망치고 있다면, 그런 예술은 태어날 가치가 없다.

"현재의 삶이 힘들수록, 예술가가 되면 그 모든 문제가 해결되리라 믿고 싶은 유혹이 시도 때도 없이 찾아올 것이다. 문제가 해결되기는커녕 더 늘어날 확률이 높은데도 말이다." 작가이자 심리학자인 애덤 필립스는 이렇게 설명한다. "터무니없는 예술가 신화에 속아 인생을 망친 사람들이 한둘이 아니다. 그 사람들은 다른 걸 했어야 한다."

당신도 마찬가지로, 예술가가 되지 말았어야 했는지도 모른다. "아이들에게 수학을 가르치거나, 가난한 사람들을 위해 돈을 모금해야 했을지도 모른다." 코미디언 마이크 버비글리아가 쓴 글에 이런 대목이 있다. "그만두면 안 된다는 생각을 버려라. 앞으로도 어마어마한 분량의 일을 해나가야 할 테니 기왕이면 더 좋은 곳에 시간을 쓰자."

당신의 예술이 세상에 고통만 안겨주고 있다면, 그 길로 예술계를 떠나 다른 일을 해라. 그 귀중한 시간을 아껴서 당신이나 주위 사람들에게 활기를 불어넣을 수 있는 무언가를 해라.

이 세상에 훌륭한 예술가 한 명은 더 있으나마나 티도 안 난다. 하지만 훌륭한 '사람'은 한 명이라도 더 필요하다. 예술을 위해 삶이 존재하는 것이 아니다. 삶을 위해, 예술이 존재한다.

"나는 길을 건너는
할머니들을 돕는 예술에 찬성한다."
－클래스 올덴버그

⑦마음은

YOU ARE ALLOWED

얼마든지

바꿔라

TO CHANGE YOUR MIND.

"최고의 지성을 가려내는 기준은 두 가지 상반된 생각을
동시에 떠올릴 수 있는 능력과 그럼에도 멈추지 않는
능력이다. 예를 들어, 상황이 절망적이라면 그러한 현실을
똑바로 바라볼 줄 알아야 하며
그 후에는 희망으로 극복해나가야 한다."

―F.스콧 제럴드

# 변한다는 건 살아 있다는 뜻이다

기후 변화에 대한 신문 기사를 읽다가 흥미로운 내용을 발견했다. 기후 변화 현상을 믿지 않다가 나중에서야 동의하게 된 사람이 있는데, 그자가 이런 말을 하는 게 아닌가. "살면서 마음을 바꾼 적이 단 한 번도 없다면 허벅지를 힘껏 꼬집어라. 당신은 죽어 있는 것이니까."

마지막으로 결정을 뒤엎어본 게 언제인가? 우리는 한 번 내린 결정을 쉽사리 바꾸려 하지 않는다. 결정을 번복함으로써 맞게 되는 결과와 남들의 시선이 두렵기 때문이다.

많은 사람들이 살면서 자신만의 확고한 신념을 지녀야 하며 그 신념을 계속 이어나가야 한다고 생각한다. 정치를 떠올려보자. 어떤 정치인이 대중 앞에서 자신의 주장을 번복한다면, 약점을 드러낸 것이나 다름없다. 일반인들도 마찬가지다. 우리는 한 번 내린 결정을 손바닥 뒤집듯 바꾸게 되는 상황을 싫어한다. 바꾸는 순간 우유부단한 사람으로 비쳐질 테니까.

소셜 미디어는 우리를 한 명 한 명의 정치인이자 브랜드로 바꿔놓았다. 개인이 브랜드가 되는 일이 사회적으로 당연하게 여겨지면서, '브랜드가 아닌 나'는 세상에서 가장 못난 사람이 된다.

그런데 브랜드가 된다는 말은 내가 누구이며 무얼 하고 있는지 100퍼센트 확신한다는 뜻이다. 예술은 물론이고 심지어는 우리의 삶에서도, 확신이란 결국 허풍에 불과하며 새로운 발견을 막는 장애물이다.

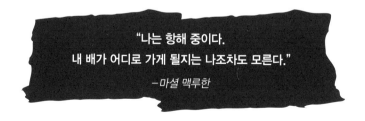

"나는 항해 중이다.
내 배가 어디로 가게 될지는 나조차도 모른다."
―마셜 맥루한

I

thought

나는 내 자신이 모든 면에서 틀렸다고 생각했다.

I was wrong about

every

thing

심지어 그 말에 대해서조차 틀렸다.

I was wrong about that, too.

# 더닝 크루거* 기도

내 자신이 얼마나 멍청한지
판단하는 지성을 주시옵고,
그러든 말든 꾸준히 밀고나가는
용기를 주시옵소서

※ "더닝 크루거 효과"는 심리학에서 다루는 현상인데, 코미디언 존 클레세의 이 한마디면 알면 된다.
   "멍청한 사람들은 그들이 얼마나 멍청한지 전혀 모른다."

불확실성이야말로 이 세상에 예술이 존재하는 이유다. 작가 도널드 바셀미의 발언에 따르면 예술가의 천성은 '무지(not-knowing)'다. 존 케이지는 창작 작업을 시작하기 전까지만 해도 자신이 다 안다고 생각했지만, 막상 진행해 보니 자신이 아무것도 몰랐다는 사실만을 확신할 수 있었다고 한다.

우리는 새로운 작품을 시작할 때마다 그 작업이 도대체 어디를 향하고 있으며 어떻게 끝나게 될지 전혀 예상하지 못한다. 화가 게르하르트 리히터는 이런 말을 남겼다. "예술은 희망의 가장 고차원적인 형태다." 세상은 미리 예견된 결과를 희망이라 부르지 않는다. 희망이란, 불확실성을 직면하고도 앞으로 나아가는 힘이자 불확실성을 이겨낼 수 있는 방법이다. "희망은 알지 못하고, 알아낼 방법도 없는 상태를 반긴다." 작가인 리베카 솔닛의 문장이다. 희망을 원한다면, 자신이 모든 것을 알지 못하며 어떤 일이 일어날지 예측할 수도 없다는 사실을 반드시 인정해야 한다. 가능성을 받아들이고 변화를 주저하지 않는 태도야말로 계속 앞으로 나아가면서 작품 활동을 이어갈 수 있는 유일한 방법이다.

마음을 바꾼다는 말은 '진짜 생각을 한다'는 뜻이다. 이런저런 아이디어를 모두 떠올리면서 그 아이디어에 대한 평가를 차단할 수 있는 환경이 필요하다. 마음을 바꾸려면 형편없는 아이디어들을 마음껏 떠올릴 수 있는 좋은 장소를 찾아야 한다.

안타깝게도 인터넷은 더 이상 실험적인 생각을 마음껏 할 수 있는 장소가 아니다. 게다가 관객에게 자신을 노출해야 한다거나 '브랜드'가 되어버린 상황에서는 더더욱 안전하지 않다(브랜드라니, 그야말로 끔찍한 단어가 아닌가! 피부에 주인의 낙인이 찍힌 가축이라도 된 것 같다).

명심하라. 마음을 바꾸고 싶다면 브랜드가 아닌 오프 브랜드(Off-brand)가 되어야 하며, 오프라인(offline)이야말로 오프 브랜드가 될 최적의 장소다. 나만의 은신처, 작업실, 일기장, 지인들과의 채팅방, 당신이 믿고 사랑하는 사람들로 가득 찬 거실. 이런 장소들이야말로 '진짜 생각'을 할 수 있는 공간이다.

# 생각이 비슷한 사람들
# VS
# 마음이 잘 맞는 사람들

"이 세상은 파티에 나가
사람들과 대화를 하고, '모르겠어요'라고
말할 줄 알고, 친절한 매너로 사람들을
대하는 당신을 더 필요로 한다."

－찰리 카우프만

인터넷상에서 얼굴도 모르는 사람들과 싸우지 말자

인터넷상에서 얼굴도 모르는 사람들과 싸우지 말자

인터넷상에서 얼굴도 모르는 사람들과 싸우지 말자

인터넷상에서 얼굴도 모르는 사람들과 싸우지 말자

인터넷상에서 얼굴도 모르는 사람들과 싸우지 말자

인터넷상에서 얼굴도 모르는 사람들과 싸우지 말자

인터넷상에서 얼굴도 모르는 사람들과 싸우지 말자

인터넷상에서 얼굴도 모르는 사람들과 싸우지 말자

인터넷상에서 얼굴도 모르는 사람들과 싸우지 말자

인터넷상에서 얼굴도 모르는 사람들과 싸우지 말자

인터넷상에서 얼굴도 모르는 사람들과 싸우지 말자

인터넷상에서 얼굴도 모르는 사람들과 싸우지 말자

인터넷상에서 얼굴도 모르는 사람들과 싸우지 말자

인터넷상에서 얼굴도 모르는 사람들과 싸우지 말자

인터넷상에서 얼굴도 모르는 사람들과 싸우지 말자

"혼자서 좀 생각해!" 내가 지겹도록 많이 들어본 말이다. 하지만 말은 똑바로 하자. 우리는 혼자 생각할 수 없다. 생각을 하려면 다른 사람들의 도움이 필요하다.

"인간은 다른 사람 없이 혼자 생각할 수 없다." 앨런 제이콥스의《당신이 생각만큼 생각을 잘하지 못하는 이유》에 수록된 문장이다. "생각은 어쩔 수 없이, 철저히, 놀랍도록 사회적이다. 한 사람의 머릿속에 떠오르는 모든 생각은 다른 누군가가 생각하고 말한 내용에 대한 반응이다."

문제는, 비슷한 생각을 가진 사람들이 모이고 그러한 관계에 의존하는 문화가 점점 심해지고 있다는 것이다. 오프라인에서는 거주하는 지역에 따라, 온라인에서는 누구를 팔로잉하고 있는지에 따라, 개인의 취향을 분석한 유튜브 알고리즘이 어떤 영상을 보여주는지에 따라 이런 현상이 나타난다.

나와 관점이 다른 사람들과 교류하게 되면 기존의 생각을 싹 다 뜯어고치거나, 부족한 점을 보완하거나, 더 나은 생각과 맞바꾸는 상황이 생길 수밖에 없다. 반대로 말하면, 생각이 비슷한 사람들만 곁에 둘 때 변화의 기회는 점점 줄어든다. 똑같은 그림을 보고, 똑같은 음악을 듣고, 똑같은 영화를 보는 사람들과 어울릴 때 어떤 기분이 드는지는 안 봐도 뻔하다. 처음에는 제 집처럼 편안할 것이다. 하지만 점점 더 지겨워지고, 나중에는 답답하다는 생각까지 들 것이다.

기발한 아이디어를 찾아 헤매는 사람들에게 제이콥스는 생각이 비슷하기보다는 마음이 더 잘 맞는 사람들과 어울리는 방법을 추천했다. 이런 부류의 사람들은 다른 의견을 수용할 줄 알고 남의 이야기를 들어주는 습관을 갖고 있다. 관대하고 친절하며 타인을 배려하는 사람들이다. 내가 무언가를 이야기하면 '단순히 반응만 하는 게 아니라 그 이야기에 대해 충분히 생각해보는' 사람들. 함께 어울리면 기분이 좋아지는 사람들.

어떤 독자가 내게 남긴 인상적인 코멘트가 떠오른다. 내 정치적 견해가 자신과 너무 달랐고, 평소였다면 흘려듣고 말았을 이야기인데도 이상하리만치 진지하게 들어볼 마음이 생겼다는 내용이었다. 그는 이 현상이 창의적인 영혼과 관련되어 있는 것 같다고 말했다. 누군가가 아름답고 기발한 작품을 세상에 내놓으려 최선을 다하는 모습을 보이면, 그 모습을 지켜보는 사람들은 마치 원래 알던 지인을 만난 것처럼 친밀한 감정을 느끼는 것처럼….

당신이 이러한 친밀감을 느끼는, 마음이 맞는 사람들은 분명 어딘가에 있다. 그러니 최선을 다해 그 사람들을 찾아 나서자.

# 과거를 방문하자

"모든 시대에는 그 시대 특유의 사고방식이 있기에
특정한 진실만을 보고 특정한 실수를 저지른다.
따라서 우리에게 필요한 것은
현시대가 놓치고 있는 부분들을 바로잡아 줄 책이다.
고전이라면 그 일을 해낼 수 있다.
…물론, 미래에 나올 책은
과거에 쓰인 책들보다 더 훌륭할지도 모른다.
하지만 구할 수가 없지 않은가."

*-C.S.루이스*

살아 있는 사람들은 대부분 새로운 것에 집착한다. 모두가 같은 유행을 좇고 생각도 비슷비슷하다. 기발한 아이디어를 함께 고민할 만한 동료가 주변에 없다면, 그때는 죽은 사람들에게로 눈길을 돌려보자. 그 사람들이라면 분명히 많은 이야기를 들려주고, 반대로 잘 들어주기도 할 것이다.

내가 가장 권하는 방법은 고전 읽기다. 인류는 오랜 시간 존재해왔다. 우리가 현시대에서 겪는 문제들은 수백 년 혹은 수천 년 전에 살았던 인류가 책에 적어 넣은 내용과 그리 다르지 않다. 로마의 정치인이자 철학자 세네카는 고전을 읽으면 현재 삶에 저자가 살았던 시간이 더해진다고 말했다. "고전을 읽으면, 현시대를 그대로 살면서 다양한 시대를 방문할 수 있다. 짧디짧아 순식간에 지나가버리는 현재에서 벗어나, 우리보다 훨씬 더 나은 사람들과 무한하고 영원한 시간을 나눌 수 있는 과거에 빠져보는 것은 어떠한가?"

인간의 삶은 놀라우리만치 변하지 않는다. 나는 노자의 《도덕경》을 읽을 때마다 어떻게 고대 중국에서 쓰인 시가 우리 시대의 정치를 그렇게 뚜렷이 설명해내는지 깨닫고 경탄을 금치 못한다. 헨리 데이비드 소로의

스스로의 힘으로는
아이디어가 떠오르지 않는다면?

① 내가 보기에는 너무 싫고 없애버리고
싶은데 이상하게도 대중은 좋아하는
아이디어를 찾는다

② 사람들의 기억에서 잊혀진,
1번과 반대되는 아이디어를
찾아내서 부활시킨다

일기를 살짝만 훑어봐도, 고학력자면서 자기 능력에 한참 못 미치는 직업을 가진 채 부모의 집에 얹혀살고, 가끔 나라 돌아가는 꼴에 답답해하기도 하는 식물 애호가의 모습이 머릿속에 그려진다. 밀레니얼 세대인 내 친구와 다를 게 하나도 없다!

인간의 기억은 짧아서, 각자의 기억에서 잊힌 일들을 찾아내려면 그리 먼 과거로 가지 않아도 괜찮다. 출간한 지 25년밖에 안 된 책이라 할지라도, 읽다 보면 땅속 깊이 묻힌 보물 상자를 발견한 기분을 느낄 수 있다.

현대 사회의 소음에서 벗어나고 싶다면, '생각이 비슷한' 무리의 껍질을 깨고 나아가고 싶다면, 과거를 잠시 방문해보라. 게다가 매일같이 새로운 과거가 탄생하고 있으니, 보물은 끝없이 쏟아져 나올 것이다.

# ⑧ 의심이 정리를

WHEN IN DOUBT,

들 때는,

해라

TIDY UP.

# 도구는 정리하고, 재료는 어질러라

"어지러운 책상, 어지러운 바닥,
여기저기 널려 있는 노란색 포스트잇 종이들,
매직으로 잔뜩 휘갈겨놓은 칠판 낙서들.
인간의 복잡한 머릿속을 그대로 드러낸 징후다."

— 엘렌 울만

머릿속을 그대로 보여주듯이 내 작업실은 언제 봐도 지저분한 편이다. 책이나 신문이 여기저기 쌓여 있고, 벽에는 어디선가 뜯어온 이미지들이 덕지덕지 붙어 있으며, 바닥에는 자르고 남은 종이 쪼가리들이 이리저리 돌아다닌다. 하지만 내 작업실이 어질러져 있는 것은 단순히 치울 시간이 없어서 그런 것은 아니다. 나는 어지러움을 사랑하며, 일부러 더 어지러운 환경을 만들어낸다.

창의성에서는 연결이 중요하다. 모든 사물이 자기 자리에 얌전히 붙어 있을 때에는 연결이 발생할 수가 없다. 흥미로운 조합은 새로운 아이디어를 탄생시킨다. 흥미로운 조합이 생기려면 물건들이 자기 자리를 떠나 밖에서 굴러다녀야 한다.

어떤 사람들은 작업실이 정돈되어 있으면 더 효율적으로 작업할 수 있을 테니 작품을 더 많이 만들어낼 수 있다고 생각할 것이다. 사실, 작업의 결과물을 뽑아내는 단계라면 그 말이 틀리진 않다. 예를 들어 당신이 판화가라고 한다면, 결과물을 찍어내는 단계에서는 작업실 정리로 효율성을 얻을 수 있다. 하지만 다음 판화 작품을 위해 재미있는 디자인을 구상하는 단계에서는 정리가 아무런 의미가 없다. 그 어떤 상황이라 해도 생산성과 창의성을 동일시해서는 안 된다. 그 둘은 똑같지 않다. 더 정확히 말하자면 둘은 서로 대립한다. 당신도 자주 느끼지 않는가? 생산적이지 않다고 느낄 때 가장 기발한 작품이 나온다.

당연한 말이겠지만, 물건들이 너무 많이 쌓여서 감당이 안 되는 경우도 있다. 적절한 때에 필요한 물품을 찾지 못하면 작업을 진행하기가 힘들다. 프랑스 셰프들은 '제자리에 놓는다'는 의미의 '미장 플라스(mise en place)'를 교육받는다. 한 사람에게 필요한 재료와 도구들을 미리 준비해놓는다는 뜻인데, 요약하자면 '계획과 대비'다. "미장 플라스는 모든 라인의 셰프들에게 신성시되는 개념이다." 세계 최고의 셰프로 유명한 안소니 부르댕은 그의 저서 《키친 컨피덴셜》에서 이런 말을 했다. "요리대가 지금 어떤 모습인가. 즉, 요리대의 준비 상태는 셰프 본인의 몸속 신경계(조리 상황을 컨트롤할 수 있는 능력)나 마찬가지다."

준비 상태. 우리가 셰프들에게 훔쳐낼 수 있는 핵심 단어다. 우리 대부분에게는 손님이 배고프지 않도록 서둘러야 한다거나 검사관들이 들이

좋아하는 물건들 속에
파묻혀라

닥쳐 위생 상태를 점검하는 상황이 생기지 않는다. 다시 말해 완벽할 정도로 깨끗하고 정돈된 개인 공간이 필요하지 않다는 뜻이다. 다만, 작업하기 편할 정도까지는 준비된 상태를 유지해야 한다. 만화가 케빈 후이젠가는 작업실을 정리한다고 해서 꼭 깔끔해 보여야 하는 건 아니라고 주장했다. "바닥에 흩뿌려진 종이가 눈에 더 잘 들어온다면, 그래서 작업이 더 수월해진다면, 당신은 그 상태에 머물러야 한다."

작업 공간에서는 혼돈과 질서 사이의 균형을 찾아야 한다. 내 동료인 존 T. 웅거가 정한 규칙은 그야말로 완벽하다. "도구들은 정리하되, 재료들은 어질러라." 그는 이 규칙에 대해 다음과 같이 설명한다. "재료들을 이리저리 늘어놓아 서로 자연스럽게 만나도록 해주자. 그 난장판 속에서 재료들이 합쳐지면서 그대로 내 작품이 될 때가 종종 있다. 순전한 우연이었던 것이다. 하지만 필요한 순간에 도구가 보이지 않는다면, 그 도구를 찾느라 하루를(또는 그 순간의 열의와 예술적 영감을) 날릴 수도 있다."

# 정리는
# 탐험이다

"나는 물건 찾기에 재능이 없다.
그럼으로써 얻게 되는 이점도 있는데,
원하는 물건을 찾아 헤매는 중에 또 다른
무언가를 찾아낸다는 것이다."

−어빈 웰시

내 책상에는 다음과 같은 글귀가 대문짝만하게 붙어 있다.

'의심이 들면, 정리를 해라.'

여기에서 중요한 것은 '의심이 들면'이라는 가정이다. 항상 그렇다는 게 아니다. 정리란, 작업 진행이 더디고 막막한 기분이 들 때 우리가 시도해볼 수 있는 일이다. 작업실을 정리한다고 해서 삶이 송두리째 바뀐다거나 마법이 일어나지는 않는다. 정리는 미루기의 생산적인 형태(작업을 잊고 다른 일을 하는 시간)일 뿐이다.

정리 덕분에 얻게 되는 최고의 장점은 크게 두 가지다. 첫째, 지금 문제가 되고 있는 상황이나 속으로 생각만 하고 있었던 문제들을 해결할 방법이 떠오른다.

둘째, 물건 더미 속에서 무언가 생각지도 못했던 것을 찾아내어 작업이 새로운 방향으로 전개된다. 예를 들면 나는 작업실을 청소하다가 종이 더미 아래에서 미완성 시를 찾아내거나, 에어컨 바람에 날려서 차고 반대편에 떨어져 있는 미완성 드로잉을 발견한 적이 꽤 많다.

정리가 빛을 발하는 순간은 일종의 탐사 작업이 이루어질 때다. 나

# 마음의 변화

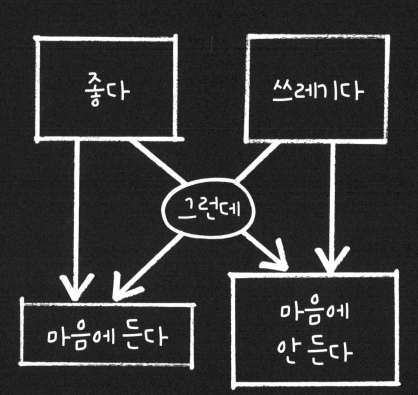

는 산처럼 쌓인 잡동사니를 정리하다가 그 안에서 까맣게 잊어버렸던 물건을 찾아내곤 한다. 내가 정리를 하는 이유는 깨끗한 작업실을 원해서가 아니다. 오랫동안 잊고 있었지만 지금이라면 유용하게 쓰일 만한 물건들을 적절한 순간에 우연히 마주치기 위해서다.

　느리고, 꿈꾸는 듯하고 중간중간 깊은 생각에 빠지기도 하는 형태의 정리를 이야기하는 것이다. 작업실을 정리하다가 오랫동안 보지 못했던 책을 우연히 발견하게 될 때, 나는 무작위로 페이지를 펼치고 그 안에서 어떤 이야기가 내게 도움이 될지 훑어본다. 가끔은 먼 우주의 누군가가 비밀 메시지를 보내기라도 한다는 듯이 종이 몇 장이 팔랑팔랑 떨어져 나오기도 한다. 우연히 마주친 이야기에 휩쓸려 한참 동안이나 읽고 있을 때도 있다.

　완벽한 질서를 기대하고 정리를 시작하면 스트레스만 받는다. 하지만 결과에 연연하지 않는 방식의 정리라면 오히려 마음이 편안해지는 또 하나의 놀이가 될 것이다. 그러니 의심이 들면, 정리를 해라.

# 잠은 머릿속을 정리해준다

"내 창작 공정에서는 낮잠이 반드시 필요하다.
꿈이 중요한 게 아니라, 완전히 잠들지도 않고
완전히 깨어나지도 않은 그 상태가 중요하다."

—윌리엄 깁슨

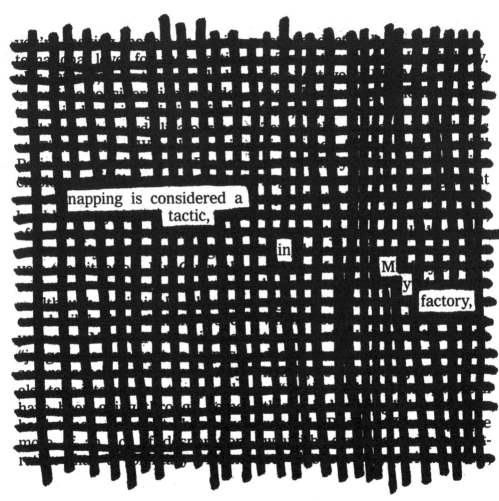

napping is considered a tactic, in My factory,

내 공장에서 낮잠은 전술이다.

과학자들과 철학자들은 잠이란 무엇이며 어떤 역할을 하는지 오랫동안 고민해왔다. 그들은 예술가들이 애초부터 깨닫고 있었던 진리에 뒤늦게나마 한 발 한 발 다가서고 있다. 잠이 '뇌를 청소해주는 완벽한 도구'라는 진리 말이다. 자는 동안 우리의 몸은 말 그대로 뇌 속의 '폐기물'을 배출해낸다. 신경과학에서는 이 사실을 뇌척수액과 관련 짓는데, 사람이 잠을 잘 때 뇌척수액이 더 빠르게 흐르면서 뇌세포 안에 쌓인 독소와 해로운 단백질을 청소한다는 설명이다.

낮잠은 수많은 예술가들의 비밀 병기다. 영화 제작자 에단 코엔은 친형인 조엘 코엔과의 작업 방식을 이야기하면서 "낮잠을 많이 잡니다"라는 말을 남겼다. 나는 낮잠을 또 다른 형태의 정리라고 느낀다. 비생산적이라고 착각하기 쉽지만, 실은 기발한 아이디어를 떠올리도록 이끌어주는 신비한 힘 말이다.

낮잠이라고 해서 모두 똑같지는 않다. 사람들은 다양한 방식으로 낮잠을 잔다. 살바도르 달리는 숟가락을 손에 든 채로 낮잠을 청하고는 했다. 깜빡 잠이 들어 숟가락을 떨어뜨리면 그 소리에 다시 잠이 깨면서, 초

현실주의 회화에서 필수적이라고 볼 수 있는 몽롱한 의식을 경험할 수 있었다고 한다. 작가 필립 로스는 아버지에게서 낮잠 기술을 물려받았다고 말한 바 있다.

그는 옷을 모두 벗어던지고 담요를 머리끝까지 덮으면 양질의 잠을 잘 수 있다고 설명했다. "이런 방식으로 낮잠을 잘 때 가장 달콤한 순간은 잠에서 깬 직후의 15초다. 그 순간에는 내가 어디에 있는지 가늠이 되질 않는다. 내가 깨닫는 것은 오직 살아 있다는 사실뿐이다. 살아 있다는 것은 기쁨이다. 그것도 아주 절대적인 기쁨이다."

나의 경우도 '카페인 낮잠'을 즐긴다. 커피나 차를 마시고 15분 동안 가만히 누워 있다가, 카페인이 돌기 시작하면 다시 작업으로 복귀한다. 당신도 한번 시도해보라. 이 방법은 꽤 효과가 있다.

"잠이 덜 깬 채 손가락이나 발가락으로
천장에 글을 써본 적이 없다면
얼마나 불쌍한 인생인가."

−덴튼 웰치

"바야흐로 분리의 시대다.
함께 존재하던 세상 만물이 이리저리 나뉘고 있으며,
분리되어버린 모든 요소를 한꺼번에 다시 붙일 수는 없다.
우리가 할 수 있는 일이라고는,
함께 있어야만 하는 둘을 골라서
가까이 붙여두는 것뿐이다."

─웬델 베리

# 머문 자리는
# 이전보다 더 아름답게

작가 데이비드 세다리스는 타고난 청소꾼이다. 듣자하니 그는 아주 어렸을 때조차 형제들을 쫓아다니며 청소기를 돌리고 집 안을 치웠다고 한다. 세다리스는 첫 책이 팔렸을 때만 해도 맨해튼에서 여러 가정의 청소 도우미로 일하고 있었다. 하지만 그 후에는 베스트셀러 작가가 되어 돈을 꽤 많이 벌었고, 지금은 런던 서부에 살고 있다. 자, 이제 세다리스의 하루는 어떨까? 그는 하루 중 대부분의 시간을 길가의 쓰레기를 주우며 보낸다.

당신이 올바로 이해한 게 맞다. 생존 작가들 중 가장 인기 있다고 볼 수 있는 한 명이, 하루에 3~8시간 동안 쓰레기 줍기 봉사를 하고 있는 것이다. 쓰레기를 어찌나 많이 주웠던지, 그 동네의 쓰레기차들 중 한 대에 '피그 펜 세다리스'라는 이름이 붙을 정도였다(Pig pen은 돼지우리를 지칭하는 단어인데, 동네 사람들이 귀여운 돼지 그림을 커다랗게 인쇄해 쓰레기차 옆면을 장식했다–옮긴이). 세다리스는 그 동네에서 쓰레기 줍는 사람으로 가장 유명하다. 지역 신문인 〈웨스트서식스〉에도 그의 기사가 실린 적이 있었는데, 세다리스가 작가라는 사실은 언급조차 없었다.

게다가 더더욱 재미있는 사실은, 쓰레기를 줍는다는 행위가 세다리스의 글과 정확히 맞아떨어진다는 것이다. 수많은 아티스트가 그랬던 것처럼 세다리스 역시 폐품 수집가다. 우연히 듣게 된 대화나 우연히 목격한 사건들처럼, 삶이라는 혼돈이 버린 잔해들을 수집하여 자신의 글에서 재활용하는 것이다(일기 모음집에는 '찾아내서 훔치기'라는 아주 적절한 제목이 붙었다). 세다리스는 일기들을 인쇄한 후 각 계절로 나누어 책으로 펴냈는데, 몇몇 페이지에는 길을 걷다가 우연히 발견한 쓰레기들이 붙어 있다.

오직 '불꽃 튀는 즐거움'만이 예술을 탄생시키지는 않는다. 추하고 역겹다고 여겨지는 무언가가 예술이 되기도 한다. 아무도 보지 않는 곳을

바라보고, 혼돈 속에서 질서를 만들어내고, 쓰레기를 보물로 바꾸고, 다른 이들이 못 보고 지나쳐버린 아름다움을 발굴하여 세상에 내보이는 것. 모두 예술가가 해야 하는 일이다.

창작에서 흔히 쓰는 구호를 찬찬히 들여다보면 가끔씩 새로운 교훈을 얻기도 한다.

'얼룩을 남겨라. 흠집을 내라. 기존의 것을 깨뜨려라.'

이 구호들은 마치 우리가 세상을 얼룩 내고, 흠집 내고, 깨뜨리는 것이 아주 이로운 일이라도 되는 양 말하고 있으며 인간의 범우주적 목표가 파괴라는 암시를 준다. 세상은 이미 충분히 난잡하고, 이 행성에는 얼룩이 넘쳐난다. 우리에게 필요한 것은 파괴가 아니다. 파괴자들은 줄어들고 청소부들이 늘어나야 한다. 우리는 청소하는 예술이 필요하다. 수리하는 예술이 필요하다. 고치는 예술이 필요하다.

이 구호들을 버리고 더 나은 구호들을 찾아보자. 의학에서 쓰는 구호를 빌려오는 것도 좋은 방법이다.

'첫째로, 해를 끼치지 마시오.'

아니면 공원 표지판에 쓰여 있는 문장을 가져와도 좋다.

'머문 자리는 이전보다 더 아름답게.'

지금부터 시작하면 된다.

⑨ 악마는 공기를

DEMONS HATE

신선한

싫어한다

FRESH AIR.

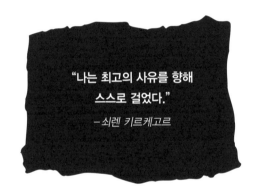

"나는 최고의 사유를 향해
스스로 걸었다."

*– 쇠렌 키르케고르*

# 악령을 쫓아내려면 나가서 걸어라

햇볕이 쨍쨍한 날이든 비가 추적추적 내리는 날이든, 우리 부부는 빨간 2인용 유모차에 두 아들을 싣고 매일같이 아침 산책을 나선다. 우리는 동네를 따라 5킬로미터 거리를 걷는다. 고통스러울 때도 많고, 가끔은 숭고한 감정에 벅차오르기도 하지만, 어쨌거나 산책은 우리 부부의 하루에서 절대로 빼놓을 수 없는 일정이다.

우리는 산책을 하면서 대화를 나누고 계획을 짠다. 정치 이야기에 언성을 높일 때도 있다. 발걸음을 멈추고 이웃과 수다를 떨거나 교외의 풍경을 바라보며 감탄하기도 한다.

나와 아내는 절대로 산책 전에 약속이나 회의를 잡지 않는다. 그리고 이웃을 마주칠 때마다 이런 이야기부터 듣는다. "오, 당신들이 그 유명한 빨간 유모차 부부군요!"

만약 당신이 복잡한 머릿속을 정리하고 싶다면, 산책이야말로 신비한 명약이 되어줄 것이다. 무려 2000년 전에 살던 냉소주의자 디오게네스조차 이렇게 말하지 않았는가. "걸으면 해결된다."

저명한 예술가와 시인 중에서 도시와 전원을 따라 느릿느릿 걷고, 이리저리 돌아다니거나, 언덕을 오르내리던 사람들의 이름을 나열하자면 사실상 끝이 나질 않는다. 월리스 스티븐스는 보험회사에서 일하던 시절에 걸어서 출퇴근하면서 여러 시를 지었다. 프리드리히 니체는 호숫가를 거닐면서 수많은 책을 썼다. 찰스 디킨스는 런던을 따라 32킬로미터나 이어진 대장정을 마치고 나서 이런 글을 썼다. "먼 거리를 빠르게 걸을 수 없다면 폭발이나 끔찍한 사고로 죽는 편이 훨씬 낫다."

루트비히 판 베토벤과 밥 딜런은 교외를 한참이나 배회하다가 경찰에게 저지당한 전적이 있다. 베토벤은 19세기 빈에서, 밥 딜런은 21세기

뉴저지에서 똑같은 상황을 겪었다. 콩코드 외곽에 나 있는 숲을 따라 매일 4시간씩 걸었던 헨리 데이비드 소로 또한 이런 글을 남겼다. "다리가 움직이기 시작해야 생각이 흐르는 것 같다."

산책은 신체 건강뿐만 아니라 정신과 영혼에도 좋다. "몇 시에 일어나든 산책부터 하도록 해." 영화감독 잉마르 베리만은 그의 딸 린 울만에게 이런 이야기를 들려주었다고 한다. "악마가 널 침대에서 붙잡는 거야. 그는 신선한 공기를 싫어하거든."

> "날마다 마주치는 우울감을 떨쳐버리고 싶었다.
> 가라앉은 기분으로 매일 오후를 보내다가
> 어느 날 산책이라는 것을 접하게 되었다…
> 내 자신에게 목적지가 생겼고,
> 그러고 나니 길을 걷다가 많은 일이 벌어졌다."
> —비비언 고닉

우리 부부도 매일같이 아침 산책을 나가면서 비슷한 사실을 깨닫게 되었다. 그렇다! 산책은 우리 내면에 숨어 있는 악령을 쫓아낸다. 게다가 중요한 사실이 하나 더 있다. 산책은 외부의 악령들과 맞서는 순간에도 엄청난 도움을 준다는 것이다.

기업가, 마케터, 정치인 등 인간의 두려움과 허위 정보를 이용하여 사람들을 마음대로 조종하려 드는 부류들은 우리가 스마트폰이나 TV만 붙들고 있기를 바란다. 그래야만 그들의 시선으로 본 세상을 판매할 수 있기 때문이다. 하지만 밖으로 한 발자국도 나가지 않는다면, 상쾌한 공기를 느끼며 걷지 않는다면, 우리는 진짜 세상을 알 수 없게 된다. 세상을 자신의 시선으로 보지 못하므로 허위 정보를 만나도 맞서 싸우지 못한다.

예술에서는 감각을 최대한 활용해야 한다. 예술의 역할은 사람들의 감각을 일깨우는 일이다. 그런데 현실은 어떠한가? 각종 스크린이 우리의 감각과 인지능력을 빼앗아가고 있지 않은가. 스크린은 대체로 사람을 멍하게 만든다. "내가 생각하기로는, 감각에 집중한다는 말은 생명의 힘을 느끼며 삶을 존중하고 반긴다는 뜻이다. 그런 사람은 정신이 딴 데 가 있지 않다. 모든 행동과 함께 정신이 따라다닌다." 제임스 볼드윈의 에세이 《단지 흑인이라서, 다른 이유는 없다》에 수록된 문장이다. 볼드윈은 이런 말을 덧붙였다. "어떤 나라의 국민이 자신의 본능적 반응을 전혀 믿지 못하고 기쁨 없는 삶을 살면, 그 나라 사람들에게는 아주 불길한 일이 일어난다." 볼드윈은 직접 느끼는 경험을 중요하게 여기지 않는 풍조를 염려했다. "자기 자신을 믿지 못하는 사람에게는 현실을 판단할 기준이 없다."

우리의 시선이 스크린에만 붙어 있을 때는 세상이 비현실적으로 보인다. 가끔은 끔찍하기까지 하다. 지구에 사는 모든 사람이 괴물이라거나, 미치광이라거나, 심지어는 더 최악인 무언가로 느껴진다.

하지만 밖으로 나가서 걷기 시작한다면? 여전히 세상에는 환하게 웃어주는 사람들, 짹짹 지저귀는 새들, 머리 위로 동동 떠다니는 구름… 이런 것들이 있지 않은가. 그곳에는 가능성이 있다. 자신의 삶에 아무런 가능성도 없다고 느껴질 때, 산책이야말로 또 다른 가능성을 찾아낼 좋은 수단이 될 것이다.

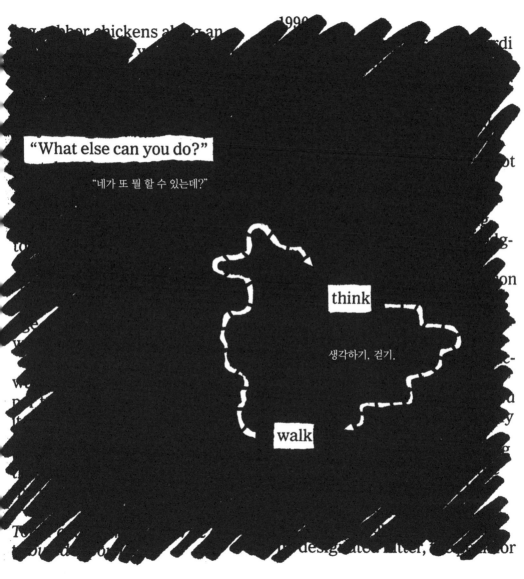

그러니 매일 밖으로 나가라. 혼자 나가서 한참 동안 걸어라. 친구와 함께, 사랑하는 사람과 함께, 강아지와 함께 산책해라. 점심시간을 틈타 동료와 함께 걸어도 좋다. 데이비드 세다리스처럼 막대기 하나와 비닐봉지를 집어 들고 쓰레기를 주우며 걷자. 노트북이나 카메라를 항상 지니고 다니면, 산책을 하다가도 잠시 멈춰 서서 좋은 이미지나 아이디어를 붙잡아 둘 수 있다.

내 발로 걸어서 세상을 탐험하자. 이웃을 관찰하자. 이웃을 만나자. 처음 본 사람에게 말을 걸자.

기억해라. 악마는 신선한 공기를 싫어한다.

"나가서 걸어라.
산책이야말로 삶의 영광이다."

―마이라 칼만

⑩ 나무높이

PLANT YOUR

정원을

가꿔라

GARDEN.

# 창의성에도
# 계절이 있다

앞서 잠시 언급했던 수녀 코리타 켄트는 로스앤젤레스에서 무려 30년을 살다가 보스턴으로 넘어갔다. 이후 그곳에서 그녀는 조용히 작업에만 집중하며 지냈다. 켄트의 아파트에는 커다란 내닫이창이 있었고, 창밖에는 단풍나무 한 그루가 우뚝 서 있었다. 켄트는 창가에 앉아서 그 나무가 계절에 따라 변해가는 모습을 지켜보길 좋아했다고 한다.

"선생님이 돌아가시기 전 20년 동안, 그 나무는 켄트 선생님의 위대한 스승이었습니다." 켄트의 옛 제자인 미키 마이어스가 이런 말을 했다. "그 나무에게 많이 배우셨다고 해요. 그 나무가 봄에 아름다움을 뽐낼 수 있었던 것은 겨울을 버텨냈기 때문이며, 유난히 혹독했던 겨울이 가장 찬란한 봄을 꽃피웠다는 걸요."

하루는 어떤 기자가 찾아와서 근황을 물었는데, 켄트는 이렇게 대답했다고 한다. "글쎄요… 창밖의 단풍나무를 구경하고 있어요. 이전에는 나무를 바라볼 시간이 전혀 없었거든요."

켄트는 아파트로 처음 이사한 10월에 그 나무의 잎이 얼마나 무성했는지, 몇 달 내로 얼마나 앙상해졌는지 이야기했다. 겨울에는 나무가 눈으로 덮였다. 봄에는 작은 꽃들이 고개를 내밀었고 그 나무는 전혀 단풍나무 같지 않았다. 드디어 단풍잎을 알아볼 수 있는 계절이 되자, 나무는 그제야 제 자신으로 돌아갈 수 있었다.

"어떤 면에서는 제 삶과 비슷하다고 느꼈어요." 켄트가 말했다. "저를 모르는 사람들이라면 전혀 눈치채지 못할 테지만, 제 안에서 어떤 위대한 일이 벌어지고 있다는 걸 느낄 수 있어요. 제 안에서 나름대로 잘 커가고 있고, 결국에는 어떤 형태로든 터뜨리겠죠. 저 단풍나무처럼요."

켄트가 보기에 단풍나무는 창의성 그 자체였다. 나무처럼 창작에도

**191**

계절이 있다. 자신이 어떤 계절을 겪고 있는지 알아차리고 그 계절에 맞게 행동하는 것은 창작에서 당연히 거쳐야 할 관문이다. "겨울에는 그 나무가 죽은 것처럼 보일지 몰라도, 그 안에서는 굉장한 무언가가 시작되고 있다는 걸 우리 모두 알아요. 봄, 여름이 되면 세상에 내놓으려고 준비하고 있는 거죠."

코미디언 조지 칼린은 전진이라는 개념에 집착하는 세태를 안타까워했다. 현대인들이 눈에 보이는 발전에만 급급하다는 이야기였다. "사람들은 계속 올라가기만 하는 상승 곡선을 원한다. 생산성, 이익, 심지어 코미디에서도 말이다." 칼린은 현대인들이 자신을 되돌아볼 시간을 남겨놓지 않는다고 생각했다. "그들의 인생에, 다시 뻗어나가기 전에 움츠러드는 시간은 존재하지도 않는다. 성장할 시간도, 실수에서 무언가를 배울 시간도 없다. 하지만 이러한 개념은 주기에 따라 바뀌는 자연의 섭리를 거스른다."

우리는 좋은 작품이 나오는 리듬과 주기에 주목하고, 비수기를 만나면 인내할 줄 알아야 한다. 자신의 패턴을 관찰하면서 스스로가 변해

 심장박동

 일출과 일몰

 달의 변화

 계절의 변화

 돌아온 봄

갈 수 있는 시간을 마련해야 한다. 헨리 데이비드 소로는 이런 글을 썼다. "계절의 변화를 느끼면서 살아라. 그리고 그 계절에 나 자신을 맡겨라."

자신의 계절을 알고 싶다면 켄트와 소로의 조언을 따라 자연의 계절을 관찰하는 것도 좋은 방법이다. 똑같은 나무를 일주일에 한 번씩 1년 동안 그려보자. 취미로 천문학에 입문해보자. 해가 뜨고 지는 모습을 일주일 내내 관찰해보자. 달이 몇 번의 주기를 거칠 때까지 매일 밤 하늘을 바라보자. 숫자를 벗어나 온전히 자연의 시간을 느껴보는 것이다. 그러는 동안 꾸준히 지켜보자. 나 자신을 판단하는 기준이 얼마나 달라졌는지, 발전이 없다며 우울해하던 내게 어떠한 변화가 생겼는지 말이다.

"내 친구들은 죽었거나
여전히 작업하고 있다."
—프레더릭 와이즈먼

창작과 마찬가지로, 우리의 인생에도 계절이 있다. 어떤 이들은 어린 나이에도 꽃피고, 어떤 이들은 노년이 되어서야 꽃을 피운다. 현시대의 문화는 이른 나이에 성공하거나 꽃이 일찍 피는 사람들을 우러러보지만, 빨리 핀 꽃은 빨리 시들기 마련이다. 그런 이유로 나는 '35세 이하의 영향력 있는 인물 35명' 같은 리스트에는 눈길도 주지 않는다. 나는 한 해 한 해에는 관심 없다. 몇십 년 주기에만 관심 있다. 고로 나는 '80세 이상의 영향력 있는 인물 8명'을 읽고 싶다.

서른 살의 누군가가 떼돈을 벌었다거나 유명해졌다는 이야기는 전혀 궁금하지 않다. 나는 여든 살의 누군가가 무명 시기를 어떻게 버텼는지, 작품은 꾸준히 제작했는지, 행복하게 살았는지를 듣고 싶다. 나는 80대의 나이에도 매일같이 자전거로 뉴욕을 돌며 사진을 찍었던 빌 커닝햄의 이야기를 듣고 싶다. 죽기 직전까지도 농담을 던졌던 조앤 리버스의 이야기를 듣고 싶다. 90대의 나이에도 매일 아침 첼로를 연습했던 파블로 카잘스의 이야기를 듣고 싶다.

이들이야말로 내가 영감을 얻고자 할 때 바라보는 사람들이다. 살아

있다고 느끼기 위해 자신의 일을 지속함으로써 언제나 살아 있던 사람들. 자기만의 씨앗을 심고 소중히 돌보며 길이길이 남을 무언가로 키워낸 사람들.

나도 저들 중 한 명이 되고 싶다. 어느덧 80세가 넘은 화가 데이비드 호크니의 명언, "쓰러질 때까지 계속할 것이다"를 좌우명으로 삼으면서.

"시간을 잰다는 개념도 없고, 햇수가 중요한 것도 아니며,
10년은 아무것도 아니다.
창작자가 된다는 말은, 측정하고 계산하는 것이 아니라
나무처럼 익어간다는 뜻이다.

그 나무는 수액을 억지로 짜내지 않는다.
여름을 맞을 수 없으리란 일말의 두려움도 없이
봄의 거센 태풍 속에서 꼿꼿이 서 있다. 여름은 분명히 온다.
하지만 모두에게 오지는 않는다.
아무 일도 일어나지 않을 것처럼 광활하고 고요한
영원이 펼쳐지더라도 끝까지 인내하는 자에게만 온다.

'인내는 창작의 전부다!'
나는 감사하기 그지없는 고통을 느끼며
이 사실을 날마다 깨닫는다."

*–라이너 마리아 릴케*

동방의 한 군주가 현자들을 시켜, 시대와 상황을 뛰어넘어
언제나 진실이며 그 어떤 상황에서도 걸맞고
사람들 입에 영원히 오르내릴 문장 한 마디를
만들어보라고 했다. 드디어 현자들이 문장을 발표했다.

"이 또한 지나가리라."

이 한 문장이 얼마나 많은 것을
표현하는가! 자만에 빠져 있는 우리를 얼마나 훈계하는가!
고통에 몸부림치는 우리를 얼마나 위로해주는가!
'이 또한 지나가리라.'

*—에이브러햄 링컨*

200

# 이 또한 지나가리라

이전 장에서 이야기한 외부의 악마들(지구를 망가뜨리기로 작정한, 만화 렉스 루터처럼 본인의 이득을 위해 지구를 조각내고 있는 사람들)조차 영원토록 존재할 수는 없다. 우리와 다를 바 없이 그들도 언젠가는 이곳을 떠난다. 다 같이 죽자는 생각으로 우리를 함께 데려갈 수도 있을 테지만. 어쨌든, 우리 모두에게는 끝이 있다. 그 어떤 해괴한 일이 생긴다 해도, 이 또한 지나가리라. 그 나쁜 놈들 또한 지나가리라. 이런 생각을 하면 마음이 좀 풀린다.

내가 사는 집은 지은 지 40년이 넘었다. 넓은 관점에서 보면 그리 오래된 집은 아니지만, 내 아이들이 오르내리는 나무들은 닉슨 대통령 시절부터 그 자리에 있었다고 한다. 내가 아침 산책에서 만나 수다를 떨곤 하는 연로하신 이웃들에게 듣기로는, 처음에 우리 집을 지었던 부부 중 아내였던 사람이 원예를 좋아했다고 한다. 내 아내도 최근에 원예를 시작했다. 아내는 이전 집주인이 심어 놓은 꽃들을 조금씩 꺾어서 꽃다발을 만들곤 한다.

우리 집 화장실 창문에서는 뒷마당 정원이 보인다. 볼일을 보려고 앉아 있으면 가끔 창문 밖에서 땅을 일구고 있는 아내의 모습이 눈에 들어온다. 아내는 아들들에게 다양한 식물을 보여주는데, 식용 가능한 풀을 내밀면서 맛보라고 할 때도 있다. 그런 장면을 보고 있노라면 제아무리 절박한 날이었어도 내 가슴은 희망으로 잔뜩 부푼다.

원예라는 것이 얼마나 많은 인내와 관심을 필요로 하는 일이던가. 그래서인지 정원을 가꾸는 사람들은 시간 개념이나 관점 면에서 독특한 경향을 보인다.

멀리 보라

I plant
my garden

나는 정원에 식물을 심는다.

because

왜냐고?

What else can I do but fool
around with

time

시간과 어울려 놀고 싶으니까.

제2차 세계대전 직전의 몇 개월은 레너드 울프와 버지니아 울프의 삶에서 가장 끔찍했던 시간이었다. 전쟁의 시작을 '무력하고 절망스럽게' 바라만 보아야 했던 그 시절, 레너드가 가장 끔찍하다고 꼽은 몇 가지 중 하나는 라디오에서 시끄럽게 떠들어대는 히틀러의 목소리였다. "앙심을 품은 패배자가 하루아침에 권력을 움켜쥐고 떠들어대는 미개하고 정신 나간 헛소리다."

어느 오후, 레너드는 과수원의 사과나무 밑에 보라색 붓꽃들을 심고 있었다. "방의 창문가에 앉아 있던 버지니아가 나를 급하게 부르는 소리를 들었다."

히틀러가 또다시 연설을 시작한 것이다.

레너드는 더 이상 참을 수가 없었다.

"안 갈 거야!" 그가 버지니아를 향해 소리쳤다. "나는 붓꽃을 심고 있다고! 이 꽃들은 히틀러가 죽고 난 뒤에도 오래오래 피어 있을 거야!"

그의 말이 맞았다. 레너드의 회고록《내리막을 걷다》에 따르면, 히틀러가 벙커에서 자살한 후 21년이 지나도록 과수원 사과나무 밑에는 여전히 보랏빛 꽃이 활짝 피었다.

내게 주어진 날들 동안 어떤 꽃을 심게 될지, 나도 정확히는 알 수 없다. 하지만 어떻게든 알아내려고 한다. 그러니 당신도 알아내야 한다.

매일 하루는 어떻게 자랄지 모르는 씨앗과도 같아서, 우리는 그 하루들을 아름다운 무언가로 키워내야 한다. 체념하고 있을 시간이 없다. "이 세상에 태어날 수 있었다는 행운이야말로 우리가 진정으로 기뻐해야 할 일이다." 시인 마크 스트랜드가 이런 말을 했다. "이 세상에는 생명의 탄생을 막는 역경들이 어마어마하게 많다." 자신에게 주어진 시간이 얼마나 남았는지 아는 사람은 우리 중 아무도 없다. 그러니, 주어진 시간을 낭비하고 있는 사람들은 부끄러워해야 할 것이다.

만일 지금의 삶이 버겁게 느껴진다면 이 책의 1장으로 돌아가서, 하루를 어떻게 보내야 할지 생각해보자. 자신이 이루려는 목표에 한 발 더 다가설 수 있는 방법을 찾고, 그 일로만 나의 하루를 꽉꽉 채워보자.

"이런 때일수록 예술가들은 작업을 해야 한다.
체념할 시간이 없다. 자기 연민에 빠질 틈이 없다.
침묵해야 할 필요도, 두려움이 들어올 자리도 없다.

우리는 말하고, 쓰고, 표현한다.
그럼으로써 문명은 스스로를 치유해나간다.
나는 이 세상이 시퍼렇게 멍들어 피를 뚝뚝 흘리고 있다는
사실을 알고 있다.
세상의 고통에 눈감지 않는 것도 중요하지만,
세상의 악에 굴복하지 않으려는 의지는 비교도 안 될 만큼 중요하다.
실패에서 무언가를 배우듯이 우리는 세상의 혼란 속에서도
지식을 얻을 수 있고, 심지어는 진리를 깨달을 수도 있다.
예술에서 그러하듯이 말이다."

―토니 모리슨

# KEEP GOING

계속해서 나아가라.

조급해하지 말고, 서두르지 마라. 무언가를 빨리 끝내야 한다는 걱정보다는 꼭 해야 하는 무언가를 찾을 걱정부터 해라. 위대한 예술가가 되려는 마음은 덜어내고 예술을 만드는 좋은 인간이 되기 위해 더 애써라. 얼룩을 남겨야 한다는 집착은 줄이고, 머문 자리를 더 아름답게 만드는 일에 주목해라.

계속 작업해라. 계속 놀아라. 계속 드로잉 해라. 계속 관찰해라. 계속 소리를 들어라. 계속 생각해라. 계속 꿈꿔라. 계속 노래해라. 계속 춤춰라. 계속 물감을 칠해라. 계속 조각해라. 계속 디자인해라. 계속 작곡해라. 계속 연기해라. 계속 요리해라. 계속 찾아라. 계속 걸어라. 계속 탐험해라. 계속 선물해라. 계속 살아라. 계속 관심을 기울여라.

당신만의 동사를 계속 해라. 그러다 어떤 명사가 될지라도.

'킵고잉' 해라.

"이 세상에는 발견도 l어야 많이 남아

— 안소니

아직도
할 예술이
있다"
부르댕 (1956-2018)

이제 뭘 하면 될까? }

- 스마트폰의 비행기모드를 켠다.

- 리스트를 작성한다.

- 아이들에게 노는 법을 배운다.

- 누군가에게 줄 선물을 만든다.

- 정리를 한다.

- 누워서 낮잠을 청한다.

- 오랫동안 산책을 한다.

- 조언이 필요해 보이는 사람에게 이 책을 선물한다.

- 필요하다면 내가 발행하는 무료 뉴스레터를 구독한다.
  **AUSTINKLEON.COM**

"책은 책에서
만들어진다"

─코맥
매카시

- 헨리 데이비드 소로, *JOURNALS*

- 우슬라 프랭클린, *THE REAL WORLD OF TECHNOLOGY*

- 닐 포스트만, *AMUSING OURSELVES TO DEATH*

- 데이비드 알렌, *GETTING THINGS DONE*

- 토베 얀손, *MOOMIN*

- 앤드루 엡스타인, *ATTENTION EQUALS LIFE*

- 노자, *TAO TE CHING*

- 제임스 P. 칼스, *FINITE AND INFINITE GAMES*

- 케리 스미스, *THE WANDER SOCIETY*

- 앨런 제이콥스, *HOW TO THINK*

WHAT VAMPIRES?

WHAT GIVES IT?

ENERGY

WALT WHITMAN

TRACKING — SOLVITUR AMBULANDO

STROLLING — CURE

WOODS — WALKING

**WANDERING**

NOT KNOWING — OPENNESS

NO GOALS — SENSES OPERATIONAL

TAKE A LINE FOR A WALK

LISTEN — SKIN — GUTS / TONGUE

LOOK — FEET / NOSE

"WHEN FROM OUR BETTER SELVES WE HAVE TOO LONG BEEN PARTED BY A ~~[struck through]~~ THE HURRYING WORLD... HOW GRACIOUS, HOW BENIGN IS SOLITUDE!"

— WORDSWORTH

THE things of this WORLD EXIST, THEY ARE; YOU CAN'T REFUSE THEM.
— LAO TZU

DON'T MESS WITH MY FANTASY
IT IS REAL TO ME

2018 - A
2018
2018 - 2017
2017
2017
2017
2017
2017
2017
2017
2016 JU

-JUN 21

7 - APR 23

21 - MAR 6

- 2018 JAN 20

- DEC 11

- OCT. 24

JULY 20
SEPT 3

- JULY 20

- JUNE 3

- APRIL 26

JAN-MAR

017 JAN

"THE LAST YEAR HAS FORCED US ALL INTO POLITICS.... WE DO NOT BREATHE WELL. THERE IS INFAMY IN THE AIR... [IT] ROBS THE LANDSCAPE OF BEAUTY, and TAKES THE SUNSHINE OUT OF EVERY HOUR.." —RALPH WALDO EMERSON, 1851

IT DOESN'T MATTER IF IT'S GOOD RIGHT NOW

IT JUST NEEDS TO EXIST

PERMISSION

YOU DO NOT NEED PERMISSION BUT IF YOU INSIST

HERE IT IS.

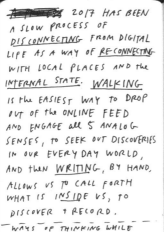

2017 HAS BEEN A SLOW PROCESS OF **DISCONNECTING** FROM DIGITAL LIFE AS A WAY OF ~~RECONNECTING~~ WITH LOCAL PLACES AND the INTERNAL STATE. **WALKING** IS the EASIEST WAY TO DROP OUT OF the ONLINE FEED AND ENGAGE all 5 ANALOG SENSES, TO SEEK OUT DISCOVERIES IN OUR EVERYDAY WORLD, AND then **WRITING**, BY HAND, ALLOWS US TO CALL FORTH WHAT IS INSIDE US, TO DISCOVER + RECORD.

— WAYS OF THINKING WHILE MINIMIZING DISTRACTION

EXPLORING THE OUTSIDE WORLD — CONVERSATION — ALL FIVE SENSES — WALKING — TRACKING THE PASSAGE OF TIME — TO CALL FORTH WHAT IS INSIDE YOU — DISCONNECTING FROM THE DIGITAL WORLD — WRITING — (BY HAND) — READING — RECORDING — A FORM OF WALKING

they are really the same thing — discovering what's inside you...

---

## MISTAKEN FOR VAGRANTS

I FIND IT CURIOUS THAT BOTH BEETHOVEN and BOB DYLAN WERE MISTAKEN FOR VAGRANTS AT the PEAK OF THEIR ~~[illegible]~~ FAME — BEETHOVEN IN the SUBURBS OF VIENNA, and BOB DYLAN SOMEWHERE IN NEW JERSEY...

SUN 13 AUG

"THANK YOU!"

EVERY thing you WISH AN ARTIST WOULD DO IS A STARTING POINT FOR YOUR OWN WORK...

"I WISH ~~[illegible]~~ WOULD DO A COUNTRY RECORD"

TRANSLATES TO: "I WILL DO A RECORD that SOUNDS LIKE ~~[illegible]~~ DOING COUNTRY"

"I WISH I HAD A ~~[illegible]~~ THAT ~~[illegible]~~"

TRANSLATES TO: "I WILL MAKE A ~~[illegible]~~ THAT ~~[illegible]~~"

IT IS UP TO YOU TO TRANSLATE YOUR DESIRES INTO YOUR WORK

I got a flashlight out

Jules at a monkey, and

he started drawing these ...ant little scenes — him

YOU CAN DO IT PAPA!

people"? sweet boys.

## ZINES

IF I JUST MAKE
A ZINE a MONTH,
CAN I STAPLE
THEM TOGETHER
at the END
and CALL IT
A BOOK?

DON'T WORRY, PAPA

I'LL ASK SIRI WHAT the TITLE OF YOUR BOOK SHOULD BE!

YOU DIDN'T LOOK LIKE YOU WERE WORKING ON A BOOK

YOU LOOKED LIKE YOU WERE WORKING ON YOUR COMPUTER.

Thank you,

Thank you for

having

고마워요.
만나서 즐거웠습니다.

me

## 감사의 글

이 책의 최초 독자이자 무슨 일이든
항상 첫 번째로 나를 응원해주는 아내 메간.
매니저 테드 와인스타인, 편집자 브루스 트레이시를 비롯해
책을 위해 고생해준 워크맨 출판사 모든 직원에게 고맙다는 말을 전한다.

• • • • • • • • •

부족한 나를 기꺼이 강연자로 서게 해준
다이애나 그리핀과 배커키트 본드 팀!
덕분에 이 책이 세상에 나올 수 있었다.

• • • • • • • • •

소중한 친구이자 동료이며, 머나먼 곳에서도 나를 북돋아준
내 삶의 멘토들. 라이언 홀리데이, 마리아 포포바, 세스 고딘,
제이슨 코트케, 에드워드 터프티, 레비 스탈, 로라 다소 월즈, 린다 배리.

늘 기발하고 독특한 아이디어를 보내주는 뉴스레터

구독자들에게도 감사하다.

· · · · · · · · ·

마지막으로 내가 세상에서 가장 존경하는 예술가이자

내 인생에 늘 영감을 불어넣어주는 두 아들,

오언과 쥘에게 이 영광을 돌린다.

# 킵고잉

**초판 1쇄** 2021년 4월 1일
**3쇄** 2022년 6월 13일

**지은이** ⏐ 오스틴 클레온
**옮긴이** ⏐ 진주 K. 가디너

**대표이사 겸 발행인** ⏐ 박장희
**제작 총괄** ⏐ 이정아
**편집장** ⏐ 조한별
**마케팅** ⏐ 김주희 김다은 심하연
**표지 디자인** ⏐ 김아름
**본문 디자인** ⏐ 김미연 변바희

**발행처** ⏐ 중앙일보에스(주)
**주소** ⏐ (04513) 서울시 중구 서소문로 100(서소문동)
**등록** ⏐ 2008년 1월 25일 제2014-000178호
**문의** ⏐ jbooks@joongang.co.kr
**홈페이지** ⏐ jbooks.joins.com
**네이버 포스트** ⏐ post.naver.com/joongangbooks
**인스타그램** ⏐ @j__books

© Austin Kleon

ISBN 978-89-278-1209-8 02190

중앙북스는 중앙일보에스(주)의 단행본 출판 브랜드입니다.

# 나만의 To do 리스트